突 破 认 知 的 边 界

我的爱好是研究疯子

弗洛伊德传

[英]艾伦·波特 著　王立　李逊楠 译
（Alan Porter）

光明日报出版社

图书在版编目（CIP）数据

我的爱好是研究疯子：弗洛伊德传 /（英）艾伦·波特 (Alan Porter) 著；王立，李逊楠译. -- 北京：光明日报出版社, 2024.1

书名原文：Knowledge in a Nutshell: Sigmund Freud

ISBN 978-7-5194-7727-1

Ⅰ. ①我… Ⅱ. ①艾… ②王… ③李… Ⅲ. ①弗洛伊德 (Freud, Sigmund 1856-1939) —传记 Ⅳ. ① K835.215.1

中国国家版本馆 CIP 数据核字 (2024) 第 003198 号

Copyright © Arcturus Holdings Limited

著作权合同登记号　图字：01-2023-6193

我的爱好是研究疯子 ——弗洛伊德传
WO DE AIHAO SHI YANJIU FENGZI——FULUOYIDE ZHUAN

著　　者：[英] 艾伦·波特 (Alan Porter)	
译　　者：王　立　李逊楠	
责任编辑：谢　香	责任校对：徐　蔚
特约编辑：王　猛	责任印制：曹　净
封面设计：尚世视觉	

出版发行：光明日报出版社
地　　址：北京市西城区永安路 106 号，100050
电　　话：010-63169890（咨询），010-63131930（邮购）
传　　真：010-63131930
网　　址：http://book.gmw.cn
E - mail：gmrbcbs@gmw.cn
法律顾问：北京兰台律师事务所龚柳方律师
印　　刷：天津鑫旭阳印刷有限公司
装　　订：天津鑫旭阳印刷有限公司
本书如有破损、缺页、装订错误，请与本社联系调换，电话：010-63131930

开　　本：146mm×210mm	印　张：8
字　　数：100 千字	
版　　次：2024 年 1 月第 1 版	
印　　次：2024 年 1 月第 1 次印刷	
书　　号：ISBN 978-7-5194-7727-1	
定　　价：49.80 元	

版权所有　翻印必究

西格蒙德·弗洛伊德（Sigmund Freud）认为自己找到了一种进入精神世界中无意识领域的方法，这就是他对自己这一生工作的评价。不仅如此，弗洛伊德还发明了一种针对歇斯底里症和强迫性神经症等精神疾病的有效疗法。同时他还建立了一套新的科学手段来探究心理学。弗洛伊德将上述的方法、疗法和科学手段结合起来，统一称之为"精神分析学"。

精神分析学的创立，以及1900年《梦的解析》的出版，使弗洛伊德著作中的一些概念进入了人们的生活。诸如无意识[1]、弗洛伊德式失语、本我、自我、超我，以及其他大量术语成了我们的日常

---

[1] 自己无法意识到的心理过程。

I

用语。虽然我们平常对于这些术语的理解或许与弗洛伊德并不完全一致,但毋庸置疑的是,我们对自身的看法已经受到精神分析学的巨大影响。许多人将弗洛伊德的影响视作积极正面的。他的精神分析让我们意识到自己对自我的认知仍然很有限,也会激励我们谨慎地审视自身的基本驱动力。然而另一些人则将其理论视作洪水猛兽,理由是这种理论使我们深陷一种昂贵、耗时却又毫无效果的疗法之中无法自拔。此外,弗洛伊德的理论也大力宣扬某些父权观点,这些父权观点认为女性只不过是被阉割了的男性。

《西格蒙德·弗洛伊德心理学著作全集》(标准版)共二十四卷,收录了弗洛伊德的大

◎ 弗洛伊德的肖像,摄于1921年。

量著作，包括其创立精神分析学前有关歇斯底里症的文章、对梦境的经典分析、一些著名案例的研究，以及列奥纳多·达·芬奇（1452—1519）的精神分析传记等。标准版中也涉及弗洛伊德与精神分析相关的出版物——一百多篇其早期与生物学和神经学相关的论文，涉及的主题包括鳗鱼的生殖器官以及新的神经细胞染色技术。此外，标准版中也囊括了大量弗洛伊德的书信，这些书信的时间跨度约为五十年，往来对象包括其早期的导师、科研合作者及学生。这也为我们研究弗洛伊德思想的发展与变化提供了另一条重要途径。

与弗洛伊德有关的第二手作品数量巨大，这些作品从心理学、政治学、哲学、文学以及文化等各个角度来介绍这位伟人。1953年，厄内斯特·琼斯（1879—1958）撰写了第一部有关弗洛伊德的官方传记——《弗洛伊德传》。此后，有关弗洛伊德的各类传记层出不穷。这些传记中，有的将弗洛伊德描绘成一个历经磨难、从自我分析中挖掘出精神分析这块瑰宝并呈现给世人的天才，也有的称弗洛伊德是一个自负、不诚实、不具备原创性思想且成功蒙蔽我们一百余年的骗子。

鉴于篇幅限制，本书无法对弗洛伊德数量庞大的成果做出完全公正的评判，所以着重选取了其中的一部分材料。笔者将从科学和历史的角度介绍弗洛伊德的主要理念，并引导读者认识、了解弗洛伊德的工作内容，这些内容主要集中在其将工作重心转移至精神分析研究之前的部分。最后，笔者也会介绍一些对弗洛伊德理论持有异议的批评之声。关于弗洛伊德身上某些重要问题的探讨可能比读者预想的要浅显一些，有些问题甚至没有涉及，这是无法避免的。笔者建议有兴趣的读者可以自行阅读一手资料以及其他的二手资料，并将本书视作开启弗洛伊德这座神秘而巨大的宝库的钥匙。无论你对他喜欢与否，弗洛伊德的思想将一直影响着我们。

目录

1 "疯人"与"病人"

引领医学科学的人 / 003

意识的特殊地位 / 009

为精神病人松绑 / 014

精神疾病的分类 / 016

对精神失常患者的治疗 / 019

2 弗洛伊德的多重身份

弗洛伊德的早年生活 / 027

医学院学生 / 031

解剖鳗鱼 / 032

实验室里的友谊 / 034

应征入伍，染上烟瘾 / 036

为了结婚，成为医生 / 037

弗洛伊德与可卡因 / 041

从神经科医生到心理学家 / 044

3 一个奇怪案例引发的震荡

一个奇怪的案例 / 048

巴黎之行 / 051

催眠与歇斯底里症 / 052

深入研究催眠术 / 058

重回精神宣泄法 / 062

严重分歧 / 065

引诱理论 / 067

4 精神分析学的诞生

研究梦境 / 072

梦的伪装 / 074

梦的运作 / 079

弗洛伊德的自我分析 / 082

放弃引诱理论 / 086

第一拓比理论：无意识、前意识和意识 / 088

5 患者案例

朵拉：歇斯底里症 / *095*

鼠人：强迫症 / *102*

小汉斯：恐惧症 / *106*

施雷柏：妄想症 / *110*

狼人：幼儿神经症 / *114*

6 精神分析学的方法论

内省与精神分析的对比 / *122*

自由联想法 / *125*

精神分析师必须遵守的九条建议 / *128*

诊察台 / *130*

阻抗 / *131*

移情 / *133*

反移情 / *136*

如何判断精神分析疗法是否有效？ / *138*

7 精神分析学的关键概念

无意识过程、阻抗和压抑 / *146*

力比多 / *151*

性心理的发展 / *153*

俄狄浦斯的故事 / *157*

第二拓比理论：本我、自我和超我 / *163*

8 精神分析运动的早期发展

周三心理学会 / *169*

新成员的加入 / *171*

维也纳精神分析学会 / *175*

美国之行 / *177*

团队分裂 / *179*

秘密委员会 / *183*

成为精神分析师的条件 / *185*

精神分析训练 / *187*

弗洛伊德之死 / *189*

9 批评的声音

与理论心理学和精神病学的分裂 / 194

精神分析的科学地位 / 197

能解释一切又什么都不能解释的理论 / 199

猜想与反驳 / 202

临床理论的重要性 / 205

弗洛伊德死后受到的攻击 / 209

10 用精神分析理解社会的发展

文明的发展 / 222

人类物种的复演说理论 / 223

死亡本能 / 225

11 当前对弗洛伊德及精神分析的评析

心理学和精神病学的发展过程 / 233

当前的精神分析 / 236

弗洛伊德研究成果的跨度 / 238

纵观弗洛伊德的职业生涯，他有意将精神分析[1]的发展分成两个部分：既是一种对于人类心灵的全方位描述，又是一家规范化的专业分析师培训机构。弗洛伊德的工作不仅对心理学、哲学、社会学以及文学理论等学术领域影响深远，而且对包括精神病[2]学、心理咨询及治疗等在内的专业应用领域也有着重大的意义。1873年秋，弗洛伊德进入维也纳大学医学院学习，那时上述领域有的尚处于形成阶段，有的刚刚起步，弗洛伊德的理论及技术就是在这样的大背景下发展起来的。为了更好地理解这些理论及技术的独到之处，了解弗洛伊德是从哪些前辈思想家处受到了何种启发，我们有必要先粗略描述一下其涉及的领域在当时的发展状况。接下来，我着重叙述的领域将包括以下几个：由其导师领导的德国科学医学，哲学上关

---

[1] 一种探究行为、语言、梦境和幻想的无意识意义的方法。

[2] 这种病的患者认识现实的过程会受到妨碍和干扰。症状一般包括视觉和听觉上出现幻觉。

于意识作为知识基础的争论,社会和医学界对于精神疾病的认知与治疗方式的快速变化。

引领医学科学的人

19世纪中叶,医学正在经历一个快速发展的时期,而历经几个世纪的诊疗技术也受到人们的重新审视。科学家们试图利用化学、显微镜学、物理学以及统计学等领域的新技术,从生理学和生物化学的新发现中寻找线索,想要理解疾病的成因并渴望找到新的治疗方法。德国的科学界当时正处于这场运动的中心。1838年,约翰内斯·缪勒(1801—1858)出版《人类生理学手册》,这本著作影响了整整一代生物学家以及医学研究者。该书详细、系统地阐述了当时前沿的形态学(生物结构的研究)与生理学(生物机能的研究)之间的关系。

缪勒是一位德国生理学家。他的学术观点对弗洛伊德产生了巨大的影响。

当时缪勒周围聚集了一批那一代人中最有天赋的学生，其中包括赫尔曼·冯·赫尔姆霍茨（1821—1894）、埃米尔·杜布瓦-雷蒙（1818—1896）、卡尔·路德维希（1816—1895）和恩斯特·威廉·冯·布吕克（1819—1892）。他们对生物学和生理学的发展均做出了重大贡献。赫尔姆霍茨，19世纪德国最著名的科学家之一，致力于热力学的发展，全面阐述了力的守恒原理，也就是今天被人们熟知的能量守恒定律。该定律认为：

◎ 缪勒，德国生理学家。他的学术观点对弗洛伊德产生了巨大的影响。

◎ 赫尔姆霍茨,生理学家、物理学家。他在光学、生理学、电动力学以及其他领域均做出了许多贡献。

能量既不会凭空产生，也不会凭空消失，它只会从一种形式转化为另一种形式（例如，当我们打开一盏灯时，电能就转换化为热能和光能）。

赫尔姆霍茨在测量神经传导速度方面也做出了巨大贡献。他经过测量，发现青蛙的神经冲动传递速度为27米

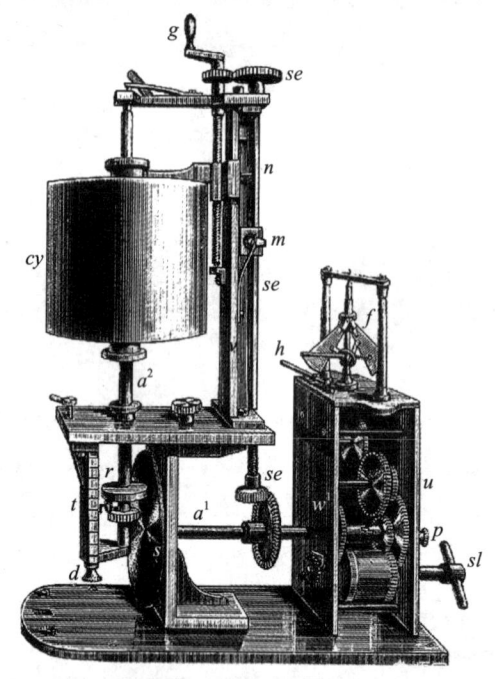

◎ 波动曲线记录仪，由路德维希于1847年发明，最初用来测量血压。

每秒。在眼科学领域，赫尔姆霍茨发明了检查眼睛内部的检眼镜，并发展出了三色说理论。杜布瓦-雷蒙进一步探究了神经和肌肉的电生理领域。路德维希发明了能够记录血压等生理学数据的波动曲线记录仪。布吕克研究的领域则包括语言生理学、骨骼肌的构造以及植物生理学。

缪勒是一名具有创新精神的科学家，推动了医学科学的发展和壮大。同时，缪勒又是一名坚定的活力论者，他深信有机体的生死取决于一种叫作"生命能量"的东西，有时也被称作"活力"。活力论认为生物体体内有一种特殊的活力，活力一旦消失，生物体也将随之死亡。尽管这种描述采用了准科学术语，但从如今的物理学与化学角度却难以理解。有些批评家认为这个概念充其量不过与大众口中所谓的"灵魂"相类似。尽管缪勒的学生对老师十分喜爱和尊重，但是他们中的大部分人并不认同活力论，他们信仰的是彻底的唯物主义和还原论，并想要用化学和物理学的理论来解释生命的各种现象，其中赫尔姆霍茨的能量守恒定律更是对缪勒的活力论提出了直接质疑。1845年，布吕克、杜布瓦-雷蒙与其他四名年轻的物理学家一起成立了德国物理学会的前身——柏林物理学会，以期推动物理学的发展。同年晚些时候，这几个人共同宣誓，承诺在自己以后的科研与教学工作中，只使用目前已知的或者符合物理学和化学定律的各种力来解释生理学现象。1894年，布吕克接受邀请，成为维也纳大学的生理学教授，随后又接受来自柏林和柯尼斯堡的邀请，但其仍然信守誓言，执意将生理学作为物理学下属的一门分支来教授课程。

在本书第二章中，我们会看到布吕克成为弗洛伊德的重要导师；而在第三章中，我们又将看到当弗洛伊德试图用能量和力的守恒原理解释其临床的观察和神经学现象时，他又是如何坚持布吕克的唯物主义精神的。1895年，

◎ 布吕克是缪勒最成功的学生之一。布吕克将物理和化学技术成功地引入医学研究。

弗洛伊德将自己的心得整理成论文《给神经学家的心理学》，但这篇论文在当时被归类为臆测，弗洛伊德只能暂时放弃发表。不过也正是这个原因促使弗洛伊德决心将心理学、神经学和物理学视作暂时无法相互关联的三个独立学科。最终，《给神经学家的心理学》在1950年以《科学心理学计划》为题出版。尽管弗洛伊德放弃了自己的还原论项目，但他仍然在精神分析学说的构建之中使用了力和能量等相关的概念。

意识的特殊地位

弗洛伊德的出版著作中很少会提及哲学或哲学家，但他在维也纳大学时，却曾经参加弗朗兹·克莱门斯·布伦塔诺（1838—1917）的阅读研讨会。布伦塔诺推动了我们所熟悉的现象学的发展。现象学并不要求把经验活动概念化，而是直接从经验出发思考哲学。在布伦塔诺看来，我

我的爱好是 研究疯子

们在思考自己过往的经验的时候,其实所有的心理活动(思考、信仰、希望)所发挥的作用和指代内容,都远远超出了它们最初的含义。我可能觉得天是蓝色的,认为法国的首都是巴黎,或是想要一块奶酪,这些对于事物的想法、信念或者愿望与事物本身(蓝色的天空、法国政府所在地以及乳酪产品)并没有太多关联,重要之处则在于心灵的"相关性"。布伦塔诺认为这种相关性是区分心灵和物质的基础,心理活动通过同一个相关性来指向真实或者想象的对象。与此形成鲜明对比的

◎ 布伦塔诺,19世纪重要的哲学家。他将意动的概念引入现象学。

是，客观存在之物并不能指向其自身。一块石头只能是一块石头，不能是其他任何东西。布伦塔诺称这种相关性为"意向性"，并视其为心灵的一个重要特征。

1874年，布伦塔诺出版著作《从经验的观点看心理学》。他在书中主张将心理学视为一种对精神现象的科学研究，并认为研究精神现象的方法就是自省[1]，这就意味着研究的重点转移到了心理本身。这一观点是可能成立的，譬如我们观察一块石头并且意识到这是一块石头，但同时也意识到我们正在对这块石头进行思考。在布伦塔诺看来，我们只有意识到自己在思考这个世界，才能真正思考这个世界。这种观点似乎晦涩难懂，但如果意识到精神的意向性对于区分心灵与物质起到关键作用的话，那就能得出结论：所有心理活动的背后，都是意识在发挥作用（即便这种意识的强度可能很低——我有时在

---

[1] 我们尝试检查自身思维历程的过程。弗洛伊德认为，由于无意识和压抑的存在，自省无法成为一种心理学研究的方法。

路上走着，会用脚去踢前面的石头，这并不是一种完全无意识的行为，因为我还是能意识到自己是有意将石头踢开的），无意识的心理活动在逻辑上是不成立的。布伦塔诺认为并不存在无意识的想法、信仰、感受或者愿望。

布伦塔诺用意向性来区分心灵和物质，而对于心灵和物质本质区别的研究却由来已久。早在300多年前，法国哲学家勒奈·笛卡儿（1596—1650）就对二元论的普及做出了巨大的贡献。笛卡儿通过对自我认知的全盘怀疑，试图使其观点无法被科学反驳。他的结论是：在人的头脑中，唯一清晰明确的便是自己正在进行"怀疑"这项活动本身。由此，笛卡儿在其1644年的著作《哲学原理》中得出著名的哲学论断——我思故我在，即人的本质是思维，也就是思考或意识存在，我们对于心灵的认知是绝对的。鉴于我们对自己的心灵最为了解，所以我们可以从自己的内心出发，推断出肉体及世界的存在。借助这种大胆的怀疑论，笛卡儿引入心灵和物质的二元论——鉴于我们的肉体是由物质组成的，那么心灵和大脑也具有二元性。笛卡儿认为心灵总是具有意识的，即便我们处于睡眠状态，或者大脑受到打击无法运转时也是如此。在这些状态下，我们的心灵会从身体中暂时"撤退"，等到身体处于完全正常的工作状态时又会回归。我们处于睡眠或无意识状态时，并没有新的肉体或者物质的记忆储存进大脑，所以也无法记得当时的活动内容。

总而言之，笛卡儿认为思维由意识决定，而意识则是评判心理活动的标准。同样重要的是，知识的终极根源来自我们对自我心灵的仔细检查，并摒弃掉其中混乱或含糊的部分。笛卡儿的二元论成了主导西方主流哲学的理论，虽然一代又一代

◎ 笛卡儿，法国哲学家，现代哲学史上最具影响力的人物之一。其身心二元论的思想为心理学家打开了一扇大门，是心理学学科独立的基础。

哲学家对笛卡儿的二元论不断提出质疑，然而他们却始终将其作为出发点，进一步深化哲学研究。

笛卡儿本人也意识到他的二元论在解决问题的同时也带来了一些困扰。如果心灵和大脑在本质上完全不同，那两者又是如何相互作用的呢？这可能是哲学家和神经学家最关注的问题。笛卡儿认为，无形且非物质的思维通过位于大脑中央的小小的松果体作用于有形且有实体的大脑。松果体十分重要，它是大脑中少数唯一的器官，大脑中的其他结构往往是左右脑叶镜像对称的。即便在当时，笛卡儿的这种观点也很难让人接受，于是思维和大脑如何相互作用便成了悬而未决的问题。

为精神病人松绑

西方世界对于如何界定心智是否健全、精神是否正常以及行为是否理性的研究有着悠久且复杂的历史。19世纪中期，人们使用神经症[1]、歇斯底里症[2]以及躁狂症作为临床的分类标准来区分心理疾病。在之后的章节中我们将看到，弗洛伊德对于如何做出这些区分也有许多自己的观点。在此我仅做一些背景方面的补充说明，以帮助读者了解弗洛伊德在19世纪70年代开始接受医学训练时，所涉及的医学、精神病学以及神经学等领域的相关知识。

就在弗洛伊德出生的50年前，当时欧洲的收容所里充斥着各种"疯人"，却鲜有"病人"。这些经常遭受残酷虐待的疯人被认为是不可理喻的野蛮之徒，需要对其进行约束和监禁。18世纪和19世纪早期，一些改革者试图改变这种局面，其中就包括英国的慈善家威廉·图克（1732—1822）。他在1796年创建了约克静修所，为病人提供温和护理的"道德疗法"。图克对于"精神失常者"抱有

1 神经症最早被认为是一种神经系统的生理疾病。在弗洛伊德看来，神经症是一种幼儿性愿望受到压抑所造成的心理疾病。

2 歇斯底里症是一种以多变症状为特征的疾病，病症包括感觉丧失、焦虑、喉咙肿胀、麻痹以及恐惧症。最早人们认为是由于子宫机能失调所导致的女性疾病。弗洛伊德从精神分析角度对歇斯底里症作出了解释，认为其成因与幼年时期的性愿望受到压抑有关。

同情心，这在当时并不多见。在法国，菲利普·皮内尔（1745—1826）对精神失常的科学理解使得精神疾病的治疗方法发生了重大转折。皮内尔先后在巴黎的比塞特医院和萨尔佩特里埃医院就职，他下令脱去病人身上的镣铐，改善他们的居住条件，并认为只要意识到疯人身上的人性，同情并体谅他们，便能让他们回归理性。弗洛伊德对皮内尔十分钦佩，认为他这种为精神病人松绑的行为开启了一场"最具人道主义精神的革命"。

精神疾病的分类

在比塞特医院与萨尔佩特里埃医院，皮内尔不仅努力提高病人的日常生活条件，而且他将注意力也放在医学分类上，更准确地说是疾病分类上。自17世纪以来，神经性疾病的概念便广为流传，苏格兰医生威廉·卡伦（1710—1790）在1769年首次使用了"神经症"这个术

◎ 约克静修所创建于1796年,使用"道德疗法"治疗精神病人。

语。在卡伦看来，许多临床的症状都属于神经症，其中严重的病症包括抑郁症、躁狂症、失智症、中风甚至瘫痪，较轻的则有心悸和急性腹痛。像腹泻和糖尿病等如今不太可能被认作是与精神有关的疾病，卡伦在当时却把它们归入神经症的范畴。卡伦认为这些形式各异的身体状况是由神经系统或者机能紊乱产生痉挛所导致。皮内尔将卡伦的著作译成法语，并借鉴了其对疾病的分类，确定了五种"原始"疾病，包括发热、炎症、出血、器质性病变以及神经症。皮内尔将神经症定义为不断变化的"感受"与"举动"，并提议把神经症分为抑郁症、非精神错乱型躁狂症与精神错乱型躁狂症、失智症以及智力缺陷等几大类。

皮内尔逐渐偏离了卡伦的理论，他认为神经症是系统性生理紊乱的结果，并采用著名的临床解剖学的方法，试图对神经系统特定病变的症状类别作出明确定义。这种临床解剖学方法在早期取得了良好的效果。1861年，法国医生、解剖学家保罗·白洛嘉对比塞特医院进行访问，他给一名言语能力障碍越来越严重的患者勒博涅做了检查。在勒博涅死后，白洛嘉又对其进行了尸检，确认其脑部的某一区域受到了损伤。白洛嘉又检查了另一位名叫勒龙的患者，该患者患上了与勒博涅类似的言语障碍。在其死后，白洛嘉也同样对这名患者进行了尸检，发现他们大脑的损伤区域相同。临床解剖学方法先后广泛应用于比塞特医院与萨尔佩特里埃医院，在第三章中，让-马丁·沙可（1825—1893）指导弗洛伊德时也会提及相关内容。

对精神失常患者的治疗

图克与皮内尔提倡尊重每一位精神失常患者，他们将重点放在对疯人院里长期病患的护理和治疗上。对于那些症状较轻但仍需康复治疗的患者，18世纪与19世纪的医学界提供的是一整套的治疗方案，包括了修养疗法、特殊膳食法、按摩法、水疗法（用冷、热水流冲击人体的疗法）和电疗法（用电流刺激身体局部或全身）。其中最特别的当属弗里德里希·安东·麦斯麦的疗法，他使用一种迄今仍然未知的液体对患者进行治疗，他将这种液体称

◎ 18世纪晚期,一群正在接受麦斯麦疗法治疗的人。该疗法在当时的欧洲广受欢迎,但也有一部分医学界人士并不认同麦斯麦的主张。

为动物磁性。据麦斯麦称，这种液体可以通过诱发身体"危机"来治疗某些神经性轻症，使他们的身体重新趋向"平衡"，从而达到治愈病症的效果。

虽然麦斯麦广受欢迎，在欧洲的名气也越来越大，但医疗机构还是对其提出了强烈的批评。法国政府为了回应医学界的担忧，决定成立皇家委员会着手调查麦斯麦。1784年，委员会发布了一份报告，称麦斯麦所谓的磁性液体并非新的物理发现。委员会虽然也承认有部分病人通过麦斯麦的治疗得到康复，但报告将这种治疗效果归功于想象的力量。

在英国，詹姆斯·布雷德（1795—1860）参加了一场法国催眠师演示的催眠[1]表演。虽然布雷德对表演印象深刻，但他觉得催眠的效果并非必须通过磁性去实现。布雷德认为催眠师营造出来的

[1] 一种类似睡眠的状态，其间被催眠者能够感知周围的环境，但是主要的感官功能大为减弱。

我的爱好是 研究疯子

意识状态的变化是由于大脑的中枢神经疲劳导致，例如一直盯着明亮的灯光就会产生这种效果。他将催眠看作睡眠的一种形式，并认为在这种状态下试验者会降低对自发行为的掌控，从而更加容易接受催眠暗示。布雷德将此行为称之为"神经催眠术"，最终被简称为"催眠术"。弗洛伊德曾尝试使用催眠术进行诊疗，但在发明精神分析学后便将催眠术弃之不用，关于这点，我们将在第三章中谈及。

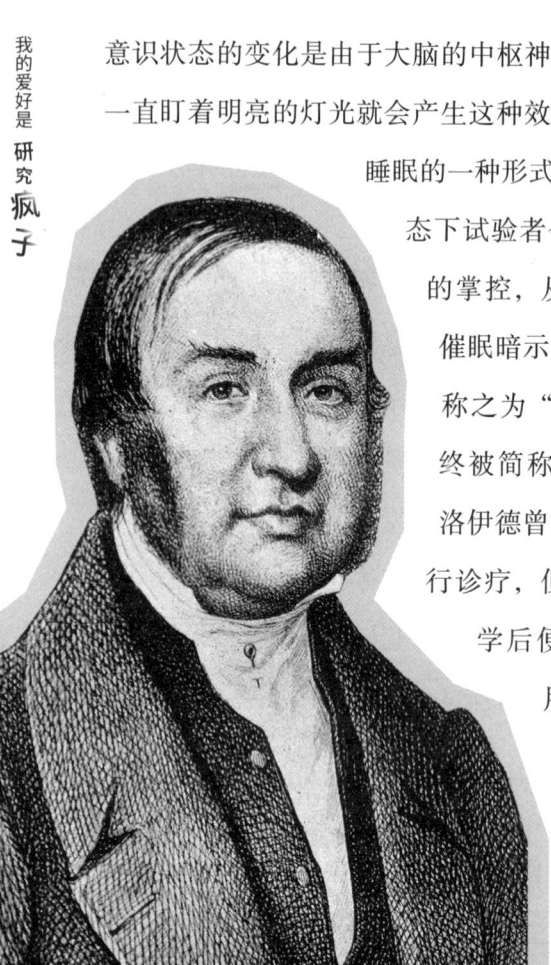

◎ 布雷德，英国外科医生，催眠术疗法的先驱之一。

TIPS

◆ 对与弗洛伊德同一代的医学研究者来说,缪勒《人类生理学手册》的出版为形态学与生理学的关系提供了一种新的认识。

◆ 缪勒认为"生命能量"在死后会离开肉体,他的学生对此却不敢苟同,认为这种观点与大众口中的"灵魂"的概念太过雷同。

◆ 缪勒的学生创立了德国物理学会,并承诺只使用物理和化学的术语解释生理学现象,其中一名发起人便是日后成为弗洛伊德导师的布吕克。

◆ 弗洛伊德参加布伦塔诺的阅读研讨会。布伦塔诺主张将心理学作为一门研究精神现象的科学,并认为研究精神现象的方法就是自省。

◆ 19世纪70年代,弗洛伊德开始接受医学训练。当时对精神疾病患者的治疗也从将他们简单囚禁于疯人院转变为更具同情心的人道疗法,并寻求有助于症状缓解的方法。

弗洛伊德的多重身份 ②

弗洛伊德在四十多岁时创立了精神分析学，由此名声大振。精神分析学是一门对自我进行严格检查与分析的学科，在第四章中我们会对此进行详细的描述。弗洛伊德在创立这门学科之前从事过多个职业，他不仅接受专业训练成为一名出色的医生，还开展了多个领域的研究，比如调查鳗鱼的生殖能力，解剖并检查淡水螯虾的神经系统，并发明了一项新的染色技术用来观察神经细胞，由此推动了解剖学研究方法的发展。此外，弗洛伊德也对歇斯底里症有所涉猎，对大脑性麻痹也有研究，还大力推广可卡因，将其用作麻醉剂和兴奋剂。

在精神分析学诞生之前，弗洛伊德就已经在许多领域有所建树并出版了大量专著，其著作涉猎广泛，他既是一名动物学家，同时也被视作一名神经病学[1]家和医生。本章节将主要围绕弗洛伊德鲜为人知的科学贡献展开。而在后续章节中，我将

1 处理神经系统紊乱的医学专业。

会讨论弗洛伊德深信早年积累的经验以及由此建立的人际关系对他日后的研究产生的深远影响。弗洛伊德早期研究的许多课题以及他与同事间的人际关系，对其之后精神分析学理论的发展以及该理论影响力的提升都起到了巨大的作用。某些尖锐的批评者对弗洛伊德的诚实和正直提出疑问，因此我们需要进一步探究弗洛伊德的早期职业生涯，了解这方面的背景信息能够帮助我们重新审视这些批评。

弗洛伊德的早年生活

1855年，居住在奥地利帝国摩拉维亚弗莱堡（今捷克共和国普日博尔）的四十一岁毛织品商人雅各布·弗洛伊德（1815—1896）迎娶了他的第三任妻子（疑似）——二十一岁的阿玛莉亚·那萨森（1835—1930）。一年后，他们的儿子弗洛伊德出生。当时的家庭成员除了弗洛伊德与父母之外，还包括两个同父异母的成年哥哥伊曼纽

我的爱好是 研究**疯子**

◎ 幼年的弗洛伊德与父亲雅各布。

尔和菲利普，以及伊曼纽尔的孩子约翰（比弗洛伊德大一岁）和波琳（与弗洛伊德同龄），他们全部挤在一栋房子里。一年后，雅各布和阿玛莉亚的次子朱利叶斯出生了，但六个月后（弗洛伊德两岁时）却不幸夭折。

弗洛伊德三岁时，他们举家搬至莱比锡，一年后又搬到了维也纳。阿玛莉亚一生共生了八个孩子。他们全家都是虔诚的犹太教教徒，却身处排斥犹太教的社会中。有一次，弗洛伊德的父亲在散步时，他头上戴着的一顶新买的帽子被人故意打落，可弗洛伊德的父亲却不敢还手。弗洛伊德日后回忆起这段往事时仍然觉得自己受到了某种羞辱。虽然有关童年的回忆里充斥着种种难堪，但据弗洛伊德自述，他的童年还是十分幸福的。弗洛伊德的母亲将弗洛伊德亲切地唤作"我的金色西吉"，弗洛伊德也承认"一个受到母亲百般宠爱的男人，其一生都将伴随着一种自豪的征服感，这种对成功的自信往往能引导人们获得真正的成功"。弗洛伊德还与他的保姆莫妮卡·扎吉奇十分亲近，虽然扎吉奇在弗洛伊德四岁时就不在他们家工作了，但弗洛伊德在三十余年后进行自我分析时仍常常会梦到这位自己幼年时的保姆。

虽然弗洛伊德的家境并不富裕，但家庭中的孩子们都受到了良好的教育，他们渴望能像中产阶级一样在事业上有所成就。弗洛伊德学习非常刻苦，他努力赢得奖学金以支撑自己的求学之路，同时他还不断地打工以赚取更多的学费。弗洛伊德的学习能力很强，而且非常积极主动，他九岁便就读于史佩尔文理中学，在那里学习希腊语、拉丁语、英语、法语及其他科目，尽管比班上大部分的孩子小，但弗洛伊德的成绩却始终名列前茅。为了能阅读塞万提斯的西班牙语著作，弗洛伊德还与同学爱德华·西尔伯施泰因（1856—1925）一起自学了意大利语和西班牙语。纵观其学术生涯，弗洛伊德正是凭借自己在人文学科上的深厚知识底蕴，才能够运用自己熟悉的古希腊文学作品解释其学术理论。十七岁那年，弗洛伊德参加了布吕克的讲座。有一次，布吕克在讲座上朗诵了德国诗人约翰·沃尔夫冈·冯·歌德的一篇美文，文中歌德认为大自然是一个包含了各种动态关系的系统，并且这个系统可以被破译。这激发了弗洛伊德的热情，他并未像其父亲希望的那样经商或者学习法律，而是踏上了学医之路。

◎ 歌德，德国文学泰斗。他对年轻时的弗洛伊德产生了很大的影响。

医学院学生

1873年，年仅十七岁的弗洛伊德成为维也纳大学医学院的一名学生。那时候，大部分医学院学生攻读博士学位的时间是五年，而弗洛伊德却用了八年——他似乎不急于毕业。维也纳大学在医学课程设置上给予了学生很大的自主权，学生可以自由选择自己喜欢的领域。弗洛伊德充分利用了这个机会，选修了布伦塔诺的哲学课，这位哲学家主张用"意向性"来区分心灵和物质，并乐于接受将这两者对立的二元论。在接下来的内容中，我们也将了解到，弗洛伊德充分利用了这次机遇并参与了各类研究活动。

解剖鳗鱼

1876年，弗洛伊德进入卡尔·克劳斯（1835—1899）领导的比较解剖学研究所工作。克劳斯向他传授了普通生物学以及达尔文的进化论，弗洛伊德也由此了解到如何利用彻底的自然主义去理解人的本质。在此期间，弗洛伊德开始质疑哲学思考的价值所在，并以一种完全经验主义的态度去理解人类。之后他便停止了哲学课程的学习，称自己是"反哲学"的,并疏远了布伦塔诺。

在比较解剖学研究所工作期间,弗洛伊德获得了前往位于特里雅斯特的海洋动物学实验室进行学习的机会。特里雅斯特位于意大利的亚德里亚海岸,弗洛伊德在实验室的任务是利用自己掌握的解剖学知识和显微镜技术寻找雄性鳗鱼的生殖器官。弗洛伊德花费数周时间解剖了四百余条鳗鱼,却一无所获。最终谜底由乔纳斯·施密特揭开。施密特在北大西洋的马尾藻海找到了鳗鱼的卵,并认为鳗鱼的生命周期包含了一段从欧洲海域迁徙至马尾藻海的过程——只有在这个过程中处于性活跃期的鳗鱼,其睾丸才会发育。这也就是年轻的弗洛伊德无法找到雄性鳗鱼生殖器官的原因所在。

弗洛伊德并不是特别喜欢这段解剖鳗鱼的经历,但这段经历不仅给了他宝贵的研究经验,也向他展示了有性生殖的复杂性。通过解剖七鳃鳗与淡水螯虾等原始水生动物,弗洛伊德从克劳斯处获得了许多动物学领域的经验。随着弗洛伊德对于达尔文进化论兴趣的不断加深,他逐渐意识到原始生物与更高级生物的结构之间存在某种连续性和间断性,这一发现具有相当重要的意义。

实验室里的友谊

回到维也纳后,弗洛伊德在维也纳大学的生理学研究所从事研究工作,当时布吕克正是这家研究所的主任。这位生理学家向弗洛伊德灌输了各种理念:要进行系统性的观察,必须从化学和物理学的角度理解生理学现象,等等。弗洛伊德也认为跟随布吕克工作的六年经历改变了他的人生。在此期间,他也结交了一些志趣相投的科学家——有的成了他的导师和朋友,其中就有约瑟夫·布洛伊尔(1842—1925)和威廉·弗利斯(1858—1928)。布洛伊尔比弗洛伊德大十几岁,是一位声望卓著的医生和生理学家,而弗利斯则比弗洛伊德小两岁,是一名耳鼻喉科专家。这两位同事是弗洛伊德这段时期的重要伙伴,他们共同对生理学的发展做出了重要贡献。有时当弗洛伊德的想法受到质疑时,他们也会伸出援手,给予弗洛伊德精神上的支持。

后来弗洛伊德在总结自己在研究所工作的这段时光

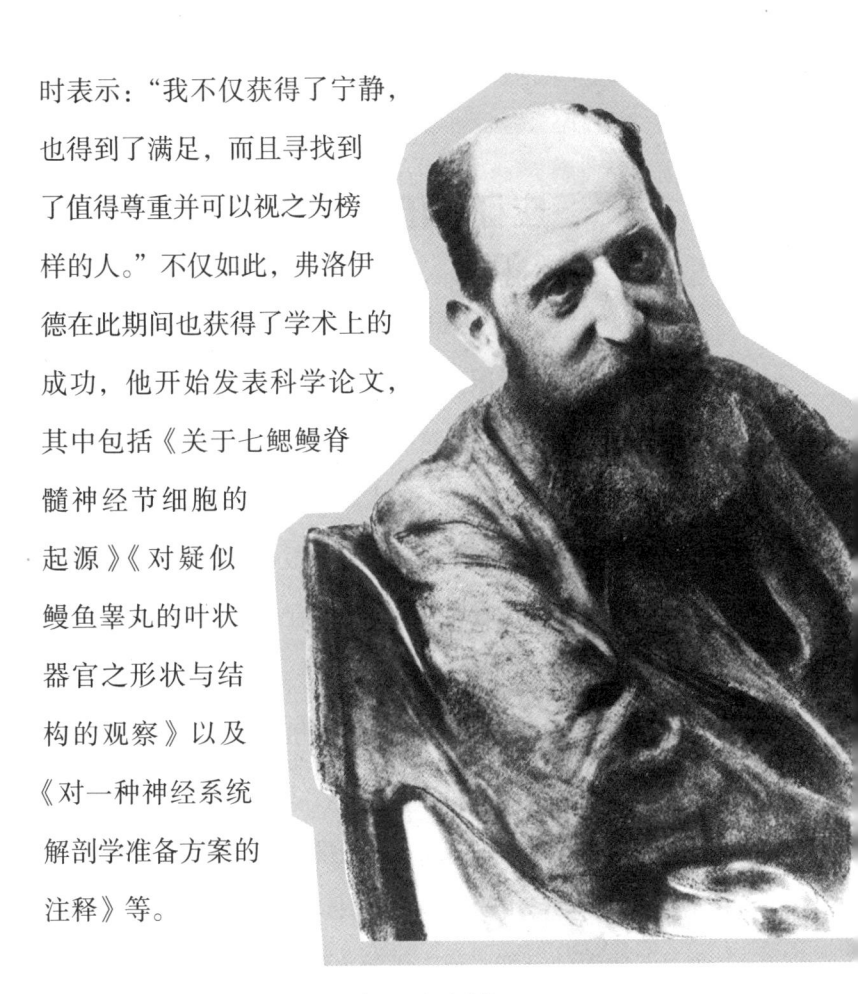

时表示:"我不仅获得了宁静,也得到了满足,而且寻找到了值得尊重并可以视之为榜样的人。"不仅如此,弗洛伊德在此期间也获得了学术上的成功,他开始发表科学论文,其中包括《关于七鳃鳗脊髓神经节细胞的起源》《对疑似鳗鱼睾丸的叶状器官之形状与结构的观察》以及《对一种神经系统解剖学准备方案的注释》等。

◎ 布洛伊尔的肖像。

应征入伍，染上烟瘾

1880年，弗洛伊德中断了他的学术生涯，应征入伍。对弗洛伊德来说，服兵役的这段时间无聊且浪费光阴。在此期间他染上了烟瘾，这酿成了他之后人生的悲剧，而香烟从此也就成了他的一个标志。三年后，由于弗洛伊德每日吸烟近二十支，过量的尼古丁的摄入导致他的心脏出了问题。朋友弗利斯劝他戒烟，可他在中断了几周后又开始吸烟，他的理由是戒烟使他无法思考。1923年，弗洛伊德被诊断患有口腔癌，随后的日子里他经历了三十三次手术的折磨，并不得不安装上假体，这种假体关闭了他口腔和鼻腔之间的通道，由此带来的疼痛和折磨也伴随了他的余生。虽然弗洛伊德清楚地意识到口腔癌可能会要了他的命，但他深信吸烟对他工作效率的保持和提升至关重要，于是弗洛伊德再次放弃了戒烟。

为了结婚，成为医生

服完兵役后，弗洛伊德继续他的学业，并在1881年从医学院毕业。但他仍然只对研究感兴趣，对做医生一点儿也提不起兴致。这种局面在1882年发生了改变，因为他遇到了玛莎·贝尔奈斯（1861—1951），并深深地爱上了她。

此时的弗洛伊德面临一个现实问题：如何承担与玛莎结婚以及组建家庭的开销。他想到的办法是以神经学家的身份开一家私人诊所，这样既能赚钱，又能继续他的医学研究。抱着这个目的，弗洛伊德到维也纳总医院求职，希望以此获取一些临床经验。当时总医院的主管是赫尔曼·诺特纳格尔，他既是一位精神科医生，同时也是维也纳大学神经学与精神病学教授。1883年，二十七岁的弗洛伊德成了狄奥多·赫曼·迈内特（1833—1892）的临床助手。在迈内特的诊室里，弗洛伊德获得了有关精神病学以及如何治疗精神病人的重要临床经验。

迈内特是一名极具开拓精神的神经解剖学家，他在解

我的爱好是
研究疯子

◎ 弗洛伊德与未婚妻玛莎。

剖学领域拥有数项首创，甚至多个大脑结构都以他的名字命名，其中包括迈内特氏束和迈内特氏连合等。迈内特治疗精神疾病的方法完全建立在神经学的基础之上，所以弗洛伊德对于协助迈内特工作这件事感到很高兴。迈内特致力于寻找精神疾病的生理成因，他在1884年出版的《前脑的疾病》中也表示，此类疾病是精神失常的罪魁祸首。在迈内特看来，精神疾病毫无疑问是脑部损伤或病变所导致的，并且他一直试图让那些在19世纪颇有影响力的神经学家们明白这一点。这些神经学界的大人物包括研究由酒精所致遗忘症的谢尔盖·科尔萨科夫（1854—1900）以及卡尔·韦尼克（1848—1905）。韦

◎ 韦尼克，德国神经学家。他认为精神疾病是大脑生理出现缺陷后产生的结果。

尼克研究发现，如果大脑的某一个区域受到损伤，那很有可能导致其在读写方面的语言障碍，后来该区域就被称作"韦尼克区"。韦尼克和迈内特都是坚定的"机能定位论"拥护者，他们坚信大脑或神经中枢都具有特定的功能。当时作为神经科医生的弗洛伊德也赞同这种理论，但在其1891年出版的第一部足本著作《失语症》中，弗洛伊德又明确反对了这种观点。在这本精神分析与神经学的著作

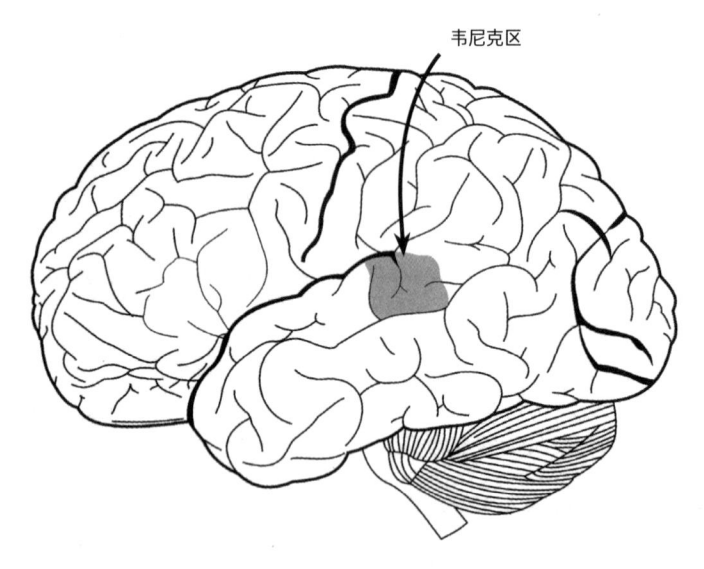

◎ 韦尼克认为大脑的某个特定区域（现称作"韦尼克区"）损伤与一些语言障碍有关。

中，弗洛伊德发展出了一种新的理论，该理论聚焦于不同大脑区域与神经中枢间相互作用的关系，而这对于理解大脑与思维之间的联系至关重要。

弗洛伊德与可卡因

与玛莎交往的四年里，发生了一件可能是弗洛伊德职业生涯里最具争议的事件。那时的弗洛伊德努力想要走出布吕克和迈内特学术上的庇荫，他试图寻找一个神经学以外的研究方向。一次偶然的机会，他看到了西奥多·阿申布兰特于1883年发表的论文，该论文讲述了将可卡因分发给疲惫的巴伐利亚士兵并收到奇效的故事。于是弗洛伊德着手调查了可卡因的效果以及将其用于临床治疗的可能性。

弗洛伊德在阅读相关资料后对可卡因产生了极大的兴趣，并设法弄到了一些。他拿自己做试验以确认效果，并在1884年发表了一篇名为《论可卡因》的技术性论文。文中表示这种药物临床应用潜力巨大，并认为如果将其推而广之，那么自己的事业也会因此受益。

弗洛伊德对于可卡因的热情远不止这些，他甚至鼓励玛莎少量服用，用来治疗她身体方面的小病痛。弗洛伊德的观察一向细致入微——他发现自己的朋友和同事服用可卡因的反应存在明显的个体差异。他自己只需小剂量的可卡因便能缓解疲劳、集中注意力，但有些朋友和同事则需要不断增大剂量才能达到相同的效果。当时弗洛伊德对此不以为然，还饶有兴致地阅读了一些有关"可卡因具有抑制吗啡作用"的研究报告，并认为可卡因可能可以用来治疗吗啡上瘾。厄恩斯特·冯·弗莱施-马科索（1846—1891）是弗洛伊德的朋友，当时在布吕克的生理学研究所担任助理，一次偶然的感染使他失去了右拇指。为了减轻疼痛，弗莱施-马科索不得不借助吗啡止痛，最终对吗啡成瘾。在弗洛伊德的建议下，弗莱施-马科索开始使用可卡因治疗自己的毒瘾，但悲剧的是，这导致弗莱施-马科索又染上了新的毒瘾。他的健康状况不断恶化，最终英年早逝，年仅45岁。

虽然弗洛伊德意识到了可卡因的止痛特性，但巧妙运用这种特性做出医学贡献并声名大噪的却是弗洛伊德的同事卡尔·科勒。他将可卡因用于眼局部麻醉手术，并大获成功。

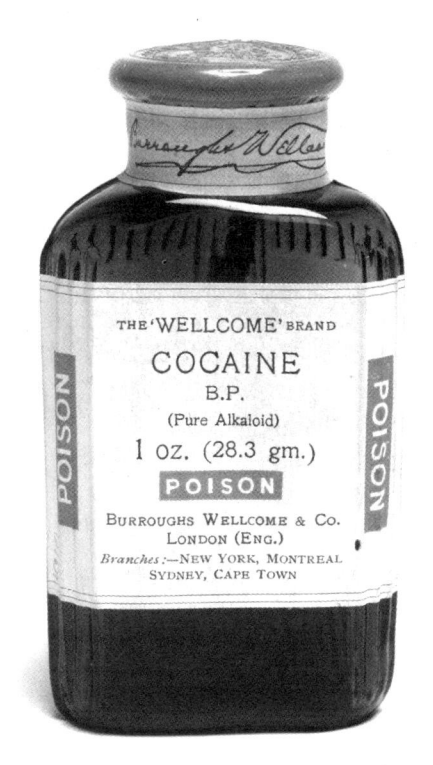

◎ 20世纪初，用于临床治疗的可卡因。弗洛伊德称其为"神奇的药物"。

从神经科医生到心理学家

1885年，此时的弗洛伊德虽然在几个研究领域均已有所建树，但为了更光明的前途，他不仅从事神经科的临床工作，同时也在维也纳大学进行相关的学术研究。当时维也纳的诊所和实验室在世界上享有很高的声誉，在这里，弗洛伊德与一些当时顶尖的生理学家以及神经科医生共事。弗洛伊德的职业生涯逐渐步入正轨，计划下一年和玛莎举行婚礼，此时的弗洛伊德已近三十岁，可就在这期间，他的学术生涯却渐渐偏离了传统方向，并最终引领他进入了一个崭新的科学领域——尽管该领域在今天看来仍充满争议。这种改变是多方面因素共同作用的结果，而其中之一便是弗洛伊德的巴黎之行。在布吕克的推荐下，他申请了一笔旅行资助，前往巴黎萨尔佩特里埃医院，在沙可手下工作。弗洛伊德从此告别了在显微镜下对着大脑和鳗鱼进行解剖的工作，转而成为一名治疗歇斯底里症和神经症的心理学家。下一章节中，我们将探讨这趟巴黎之行的重要性。

TIPS

◆ 弗洛伊德在一个幸福的大家庭里长大,同时他也是母亲最疼爱的孩子。

◆ 学生时期的弗洛伊德能力出众,他拥有深厚的文学功底,其日后的学术理论也深受此影响。

◆ 一场讲座上,歌德的观点深深影响了十七岁的弗洛伊德,歌德认为世界并不是一台由上帝或人类的灵魂操控的巨大机器,而是一个由各种动态关系组成的系统。1873年,弗洛伊德成为维也纳大学的学生,八年后他博士毕业。

◆ 1876年,弗洛伊德学习达尔文进化论思想,并拒绝以哲学的方法思考问题。

◆ 弗洛伊德接受布吕克、布洛伊尔以及弗利斯的指导,这些经历对他精神分析学概念的形成和发展影响颇大。

◆ 弗洛伊德在给迈内特充当助手期间,首次收获了有关精神病学以及治疗精神病人的临床经验。

③ 一个奇怪案例引发的震荡

一个奇怪的案例

1882年,弗洛伊德的良师益友布洛伊尔接触到一个奇怪的案例。病人是一名二十二岁的女性,布洛伊尔对她进行了一年多的治疗。这个病例很复杂,布洛伊尔前后总共花费了一千多小时来治疗她变化不断的症状。这也就是后来为人们熟知的化名为"安娜·O"的病人。安娜是一名聪慧、迷人的女性,极其敏锐,又富有洞察力。在其父亲罹患重病之后,安娜开始出现一系列症状:全身无力、四肢麻木、食欲缺乏、情绪波动大、梦游、健忘、复视以及语言障碍等问题。她开始无法使用自己的母语德语与人交流,而只能用英语回答别人对她提出的问题。安娜的所有这些表现都与当时已知的生理损伤所能导致的症状不吻合,布洛伊尔将其诊断为患有歇斯底里症。

布洛伊尔十分重视安娜的病症,而安娜对布洛伊尔也很信任。安娜曾一度拒绝食用除布洛伊尔以外的任何人所提供的食物。布洛伊尔每天对安娜进行会诊,他发现安娜有时会陷入一种"失神"的状态,在这种状态下,安娜会变成另外一个人,并且思维混乱,经常喃喃自语。布洛伊尔开始把安娜清醒时曾说过的话复述给她听,失神状态下的安娜也会努力地重复这些话,渐渐地,失神状态下的安娜开始可以自己讲述一个完整的故事。布洛伊尔发现她的焦虑症状得到了缓解,安

1 自由联想技术,是指要求患者在治疗过程中不经过审查、毫无保留地说出内心自发的所有想法。

◎ 布洛伊尔运用精神分析的自由联想技术[1]治疗伯莎·帕彭海姆,在病人的卷宗里她被称作"安娜·O"。

娜自己也意识到这种简单的复述方式可以缓解自己的症状，这是之前的任何疗法都无法实现的。她将这种方式称为"谈话疗法"或是"扫烟囱"。但这种缓解只是暂时的，于是布洛伊尔又开始寻找一种长期有效的疗法——他将目光投向了催眠术。布洛伊尔通过催眠术让安娜回忆自己初次出现痛苦和不适症状的感觉——这一点非常重要，因为在清醒状态下安娜根本不记得这些感受。安娜被催眠后回忆起了一些具体的场景以及自己当时的感受。一开始这很痛苦，但是随后这些痛苦便全部消失了。例如，安娜回忆起自己的家庭女教师曾喝过被猫舔过的水，这让她感到极度厌恶，因此安娜开始拒绝喝水。但当她说出这段回忆后，她拒绝喝水的怪病就消失了。布洛伊尔向弗洛伊德解释原因时称，安娜正在遭受肉体形式的"记忆恢复"之苦，也就是对不愉快事件的记忆转化为肉体上的症状，而唤醒这些原始记忆虽然会给安娜带来不舒服的感受，但也能让其症状彻底消失。布洛伊尔将这个过程称为"宣泄"（宣泄这个希腊单词是由亚里士多德首次提出的，指的是观众从戏剧中产生的情绪得到释放的过程）。

巴黎之行

在布洛伊尔治疗安娜不久，弗洛伊德便被任命为维也纳大学神经病理学的无薪酬大学讲师。在英国，类似岗位的是客座讲师，在美国则被称为兼职教授或副教授。这都表示此人有资格在大学授课，但并非终身制。这个岗位让弗洛伊德有机会向维也纳大学的学术评议会申请了一份旅行资助。他前往巴黎参观世界著名的萨尔佩特里埃医院，并与沙可共事；然后他在柏林逗留了几周，向儿科学家阿道夫·巴金斯基（1843—1918）学习有关儿童疾病的临床知识。弗洛伊德申请旅行资助的主要目的是丰富自己的神经学知识，学习解剖儿童大脑的相关知识。弗洛伊德也尝试把安娜的病例介绍给沙可，并就布洛伊尔的创造性疗法征求他的意见。在弗洛伊德看来，这趟旅行对他之后的事业影响巨大，他的工作重心从实验室研究转移到了临床实践。为了能够更好地了解这次旅行的意义，我们有必要对沙可本人以及他在萨尔佩特里埃医院的研究工作进行一番了解。

催眠与歇斯底里症

19世纪，医学界对于精神病和神经病的分类、诊断和治疗十分混乱，充满争议。沙可在接替皮内尔担任巴黎萨尔佩特里埃医院的主管后，尝试对这些乱象实施有序管理。在1885年弗洛伊德到访时，沙可是巴黎大学病理解剖学的教授兼负责人。在沙可的管理下，曾经专门用来收容患有精神疾病的巴黎穷人的萨尔佩特里埃医院成了整个欧洲诊断、研究和教学精神病学的中心。医院拥有包括显微镜以及摄影技术等在内的当时最先进的诊疗手段。

沙可做了许多极具开创性的研究，并取得了巨大成功。他认为，多发性硬化是一种特殊的疾病，这种疾病发生的原因是由于神经周围的髓鞘受到了损伤。沙可也是腓骨肌萎缩症的发现者之一。从该病症的命名就能看出，这是一种四肢远端肌无力并伴随知觉障碍的疾病。沙可也确立了肌萎缩性脊髓侧索硬化症的鉴别方法。沙可凭借其精湛的临床解剖技术以及对病症的系统性的观察在神经疾病领域取得了成功。在很长一段时间里，沙可都会在病人去世后对他们进行尸检，并把尸检结果记录存档，目的是将疾病症状与他们的大脑和神经的损伤部位进行一一对应，以确认疾病的成因。沙可一直认为神经疾病是人类的退化过程，神经疾病的发生既有其生理成因，又具有遗传性。

在沙可治疗过的各类疾病中，以歇斯底里症最为神秘，而布洛伊

◎ 在1885年弗洛伊德到访萨尔佩特里埃医院时，沙可是该医院的负责人。

◎ 油画《萨尔佩特里埃医院的临床课》，画家安德烈·布鲁耶（1857—1914）描绘了沙可在萨尔佩特里埃医院治疗歇斯底里症患者时的场景。弗洛伊德的诊疗室里也挂有该油画的复制品。

尔针对安娜的症状给出的诊断结果也正是此病。但布洛伊尔对安娜的治疗方法却颠覆了当时医学界对于歇斯底里症的认知。该病自古希腊以来就被认为是一种女性疾病，而歇斯底里症这个词本身也源自希腊文字hystera，意为"子宫"。2世纪，古希腊内科医生伽林认为，如果缺少性行为，子宫就会在全身游荡、寻求满足——这也被称作"彷徨的子宫"。因此，这位内科医生对歇斯底里症的治疗建议是：结婚生子。这种认为歇斯底里症是女性疾病的理论一直延续到了19世纪，当时无论是歇斯底里症的发病率，还是医疗机构都认为是歇斯底里的症状范围在不断扩大。感觉丧失、麻痹、挛缩（肌肉紧缩）、失声以及心悸等均被认为是歇斯底里症的症状。

萨尔佩特里埃医院里的患者几乎都是女性，她们很多被诊断患有歇斯底里症，其中最出名的患者包括：玛丽·布兰奇·维特曼（1859—1913）、奥古斯汀·格瑞兹（1861—？）和热纳维耶芙·勒格朗（1843—？）。沙可会在每周五上午的讲座上公开展示她们的歇斯底里症症状，旁听讲座的不仅包括内科医生和临床医师，还有一些作家、演员、艺术家、记者以及一些好奇的人。尽管因歇斯底里症而出名的都是一些女性患者，但沙可并不认为只有女性才会患这种疾病。沙可在打破传统观念中生殖系统与歇斯底里症之间的联系方面起到了关键作用。沙可曾治疗过因为工伤而前来求诊的男性患者，但他认为这些病人的症状超出了工伤所能导致的组织损伤程度，于是他开始意识到男性也会患上歇斯底里症。同时他观察到在美国和英国的文学作品中也有被称为"铁路症候群"的疾病,此类疾病的患者往往经历过因火车相撞而受伤的事故。从这些可以看出,创伤事故会对情绪产生远超身体损伤的影响。沙可在其职业生涯中一共诊断出60余名男性患有歇斯底里症。除此之外,他还诊断出一些儿童也患有此病,这为沙可的观点提供了强有力的证据支撑——因为这些儿童还没有性成熟,所以歇斯底里症与生殖系统之间并不存在必然的联系。

尽管沙可在诊断男性也会患有歇斯底里症时十分果断,但他还是认为歇斯底里症的症状存在很大的性别差异。沙可认为歇斯底里症主要由心理创

◎ 格瑞兹被诊断患有歇斯底里症,右图为她在1878年住院后在正常状态下所拍摄的照片。

伤引起，并举例称一名肩伤痊愈的男性在被轻拍之前受伤的部位时，会触发手臂麻木等歇斯底里症的症状。沙可对此的解释是，拍打受伤部位的行为触发了原本藏在其神经系统中处于休眠状态的伤病。沙可认为这种旧伤复发类似无意识的催眠状态，他将其称作"自我暗示"。沙可借此将催眠术与歇斯底里症联系了起来。

1875年，沙可读到一篇由当时还是医学生的夏尔·里歇（1850—1935）撰写的论文。里歇在文中指出，催眠是由潜藏在大脑和神经系统中的种种变化所导致，所以催眠应该被认为是一种神经症。沙可接受了里歇的这种观点，并开始相信歇斯底里症和催眠有着共同的成因，区别仅仅在于歇斯底里症是由无意识的自我暗

◎ 里歇，法国生理学家。他因发现和研究过敏反应而获得了1913年诺贝尔生理学或医学奖。

示导致的，而催眠则是通过催眠师的外界暗示完成。沙可使用催眠术进行了广泛的实验，发现自己可以轻而易举地利用催眠术对被诊断为患有歇斯底里症的患者进行催眠，让其歇斯底里症的症状全部表现出来。在每周五的讲座上，玛丽、奥古斯汀以及热纳维耶芙都会向观众展示其歇斯底里症的症状。这些患者也因此变得非常知名，玛丽还被冠以"歇斯底里症皇后"的称号。在沙可的指导下，德西雷·马格卢瓦尔·布内维尔（1840—1909）与保罗-马里耶-莱昂·勒内尼尔（1850—1927）通过相片记录了歇斯底里症发作过程中各个阶段的表现，并分三卷出版了《沙可先生管理下萨尔佩特里埃医院的照片》。

深入研究催眠术

沙可无论是作为一名医生还是一位长者，都给弗洛伊德留下了深刻的印象。为了表示尊敬，弗洛伊德给自己的第二个孩子（长子）取名让-马丁。弗洛伊德也将布鲁耶的油画《萨尔佩特里埃医院的临床课》的复制品悬挂在自己位于维也纳的诊疗室里。1938年，弗洛伊德逃离了纳粹统治下的奥地利，在伦敦安了家，又将此画挂在了为患者做精神治疗所用的沙发上方。为了能在巴黎多逗留些日子，也为了能更好地了解沙可，弗洛伊德主动提出承担沙可的一份全新的课程讲义的德文翻译工作。当弗洛伊德终于有机会向沙可提及安娜的病例时，这位伟大的神经学家对此却并没有表现出多少兴趣，弗洛伊德也只好暂时压下了对这个病例的好奇心。在柏林拜访了巴金斯基之后，弗洛伊德返回维也纳，开始成为一名私人诊所的神经科医生。他撰写了一份关于此次巴黎和柏林之行的报告，还写了一篇有关沙可的小论文。之后弗洛伊德便开始治疗那些前来寻求帮助的各种神经紊乱患者，并以此谋生。当时弗洛伊德对他们所使用的一系列疗法与旁人并无区别，包括电疗法（用电流刺激患者的特定部位或全身）和冷热浴，并越来越多地使用催眠术。弗洛伊德从沙可那里学到了如何使用催眠术诱发患者的歇斯底里症症状，但沙可当时却并没有兴趣将此作为一种治疗方法。将此发扬光大的

◎ 油画《皮内尔1795年在萨尔佩特里》，托尼·罗伯特-弗勒里描绘了法国医生菲利普·皮内尔治疗病人的场景。

是同样研究催眠术的南锡学派，其领军人物包括昂布鲁瓦兹-奥古斯特·李厄保（1823—1904）和希波莱特·伯恩海姆（1840—1919）。南锡学派的成员对于催眠术的观点与沙可相似。他们认为，催眠术和歇斯底里症都不是遗传性脑退化的结果，恰恰相反，人们很容易受到周围事物的影响，而催眠状态与睡眠类似，发生在人们不完全清醒的状态下，人们处于这种状态时更容易受到影响。

1888—1892年间,弗洛伊德开始深入研究催眠术的治疗用途,并在1889年夏天前往法国跟随伯恩海姆学习。

◎ 伯恩海姆,法国心理治疗家,南锡学派的代表人物之一,提出了心理暗示理论。

重回精神宣泄法

同样是在1889年，弗洛伊德接收了一位化名"艾米·冯·N."的患者。艾米情绪忧郁、周身疼痛、肌肉抽搐，并伴有不自主的运动。一开始，弗洛伊德建议艾米采用常规的按摩、休息和沐浴疗法，但弗洛伊德在疗养院的日常巡检中发现艾米很容易被催眠，随即尝试采用催眠暗示的方法来消除她的各种症状。实际过程中，在与催眠状态下的艾米对话过程中，弗洛伊德发现她只会不断重复自己的记忆，他想起了布洛伊尔的宣泄疗法。弗洛伊德并没有一味地追求症状的简单消失，而是开始系统性地探索。弗洛伊德鼓励艾米有意识地检查自己的记忆以及由此唤起的各种感觉。和布洛伊尔在六年前于安娜病例中发现的一样，艾米的病症开始逐渐消失。在接下来的三年时间里，弗洛伊德一直使用催眠和宣泄疗法治疗他的歇斯底里症患者。

1892年，情况开始发生改变。当时有一位年轻女性来找弗洛伊德寻求治疗，她的腿疼痛难忍，几乎无法走路。弗洛伊德一开始使用小电流电击治疗她的腿，但没有什么效果。弗洛伊德给这位来自富裕家庭的最年幼女儿化名"伊丽莎白·冯·R"小姐。伊丽莎白表示自己不想结婚，她愿意一直待在家里照顾自己最深爱的父亲。伊丽莎白一直照顾患有心脏病的父亲直至他去世。在父亲离世后，伊丽莎白的大姐出嫁，接着她的二姐死于心力衰竭。就在这个时期，伊丽莎白开始觉察到自己大腿疼痛难忍并且行走困难。当弗洛伊德决定对其采取宣泄疗法时，他遇到的第一个困难便是伊丽莎白小姐无法被催眠。布洛伊尔坚信宣泄疗法中催眠的必要性，他

◎ 弗洛伊德，摄于1891年。

认为那些已经被遗忘的记忆只有在催眠状态下才可能被唤醒。考虑到催眠疗法并没有奏效，弗洛伊德只得让伊丽莎白平躺在沙发上，将手放在她的前额并做出指示：当自己用力按压她的头时，她要一五一十地说出当时脑子里所有的想法。弗洛伊德将按压头部作为信号，并结合小心翼翼的提问，终于让伊丽莎白透露出自己大腿的疼痛之处正是当时在给父亲换绷带时父亲用来搁脚的位置。随着伊丽莎白不断地袒露心声，其病症也逐一得到消除。

在一次治疗时，伊丽莎白听到她的鳏夫姐夫在弗洛伊德办公室外面的说话声。伊丽莎白在听到姐夫的声音后大腿又疼痛起来，弗洛伊德据此推测伊丽莎白爱上了她的姐夫，而这就是她歇斯底里症的根源所在。弗洛伊德做出了一个即使在今天看来也令人无法接受的举动，他询问伊丽莎白的母亲是否可以将伊丽莎白嫁给其姐夫。不出意外，伊丽莎白的母亲认为弗洛伊德的要求很无理，伊丽莎白的治疗也随之中断。一段时间以后，弗洛伊德在一个舞会上见到了伊丽莎白，当时她在舞池里翩翩起舞，毫无腿疾的迹象。弗洛伊德由此推断，他的疗法治好了伊丽莎白的歇斯底里症。对弗洛伊德而言，这个病例意义重大，因为他在没有使用催眠的情况下，仅仅让患者讲出第一时间出现在自己意识里的内容便治好了一名歇斯底里症患者。

严重分歧

从此以后，无论是否使用催眠术，弗洛伊德几乎都会采用精神宣泄疗法。但他和布洛伊尔的关系逐渐变得紧张，因为弗洛伊德和布洛伊尔对于歇斯底里症的理解产生了严重分歧。布洛伊尔认为歇斯底里症是一种从其他心理过程中分离出来的不同类别的催眠状态，而不是与精神生活的其余部分接续的。同时，弗洛伊德越发坚信性欲是歇斯底里症的根源，布洛伊尔对此却无法接受。虽然双方关系日趋紧张、理论分歧越发严重，但两人仍共同执笔，于1895年共同出版了专著《歇斯底里症研究》。布洛伊尔在该书最后详细描述了安娜的治疗过程，并清晰阐述了精神宣泄疗法。弗洛伊德也在该书中描述了伊丽莎白以及艾米的病症。在该书中，歇斯底里症的各种症状被认为是创伤记忆作用的结果，而此前患者为了使自身免受痛苦，一直压抑[1]创伤记忆。然而这些由创伤记忆所引发的刺激仍然在起作用，并已转化为生理上的病症，象征着自身遭受创伤的记忆。精神宣泄则可以使患者重回遭受创伤之时，处理与之相关的感受和情感，并最终消除症状产生的根源。

《歇斯底里症研究》出版之时，弗洛伊德与布洛伊尔的友谊也走到了尽头。此时的弗洛伊德已经完全认同性欲在人类总体发展以及歇斯底里症研究中的重要性。该理论的经验证据的最后一环，则是弗洛伊德对精神宣泄法治疗歇斯底里症患者的回顾与总结。弗洛伊德指出所有病例，包括一例歇斯底里症与强迫性思维相结合的案例，患者均有过早期的性经验，而在进行精神分析之前，这些幼儿和青少年时期的性经验并未引起患者本人的关注。弗洛

---

[1] 使无法接受的冲动或想法转化成无意识的过程。

伊德所指的这些患者包含了十二名女性和八名男性。弗洛伊德在给弗利斯的信中表示，所有的神经症或者神经衰弱案例均存在与某类性功能紊乱有关的证据。

引诱理论

弗洛伊德有关引诱理论及相关观察的论述基于他于1896年发表的同一系列三篇论文：《遗传和神经症的病因》《关于防御型神经精神症的进一步评论》以及《歇斯底里症的病因》。弗洛伊德在这些论文中委婉地指出，所谓歇斯底里症的"引诱理论"，实际上是一种将儿童性虐待视为歇斯底里症成因的理论。

根据引诱理论，歇斯底里症和神经症源自儿童时期遭受到的性侵犯。考虑到当时儿童的性功能尚未成熟，所以儿童无法感知这种性侵犯所带来的创伤，也不能理解其中的意义。进入青春期后，如果这部分记忆被唤醒，儿童便懂得了其中的含义，就不会再出现歇斯底里症或者神经症

的症状。但如果这种记忆过于痛苦而无法承受，患者为了对抗这种痛苦，就会将记忆通过防御和压抑的方式从意识中分离出去。一旦这些防御被瓦解，压抑的记忆又会转化为躯体的症状卷土重来，以此阻止那些记忆和感受的回归。

◎ 精神病学家克拉夫特－埃宾的雕像。

弗洛伊德将引诱理论呈递给维也纳大学精神病学和神经病学协会，但并未引起重视。理查德·冯·克拉夫特－埃宾（1840—1902）因对性行为进行分类而闻名于世。他对该理论的评论是："这看起来像一个科学童话。"在接下来的18个月的时间里，弗洛伊德放弃继续研究歇斯底里症的引诱理论，同时发展了精神分析学的相关技术和理论。

TIPS

◆ 1883年,布洛伊尔在治疗化名为"安娜·O"的年轻歇斯底里症患者时发明了宣泄疗法。

◆ 1885年,弗洛伊德拜访巴黎的萨尔佩特里埃医院,向神经病学家沙可学习歇斯底里症的相关知识和催眠术。

◆ 1889年,弗洛伊德到访法国南锡,学习催眠暗示。

◆ 1892年,弗洛伊德使用布洛伊尔的宣泄疗法治疗伊丽莎白小姐。

◆ 1895年,弗洛伊德和布洛伊尔共同出版《歇斯底里症研究》。该书指出,歇斯底里症是一种防止创伤记忆重现的防御机制。

◆ 1895年,弗洛伊德尝试将神经系统的基础结构与组织构造的概念引入临床工作。

◆ 1898年,弗洛伊德在提出神经症的引诱理论后,与布洛伊尔分道扬镳。

精神分析学的诞生 ④

研究梦境

19世纪90年代中期到20世纪初,弗洛伊德对神经病学、心理学、歇斯底里症以及各种神经症疗法的理解发生了巨大的改变。就在同一时期,弗洛伊德发明了精神分析这种全新的方法,将其用于心理过程的研究以及治疗各种神经紊乱。此外,弗洛伊德也认识到,对于心理学的研究不应局限在意识体验的层面。尽管弗洛伊德直到死前都一直致力于精神分析学的修正、阐释以及扩充,但上述时期却是他确立精神分析学基本概念框架的时候。

1895年,《歇斯底里症研究》出版。弗洛伊德在书中将梦视作被压抑欲望的变相满足。此时没有人知道,这看似简单的论述却将成为弗洛伊德有关精神结构和功能理论的出发点。1900年,《梦的解析》出版。此时的弗洛伊德已经做好准备,他要构建一种全新的心理学研究方法。

在对伊丽莎白的催眠宣告失败后,弗洛伊德开始另寻他法,他边按压伊丽莎白的额头边进行提问,并要求她如实告诉自己其大脑中所出现的全部念头。弗洛伊德通过这种方法来研究伊丽莎白的反应，从中发现一些之前被隐藏的信息，最终消除伊丽莎白的歇斯底里症状。这种简单的命令（要求病人如实回答第一时间出现在自己意识中的内容）便是自由联想法的基本原则。弗洛伊德借此开启了探索自己的精神世界之旅，其中第一站便是研究自己的梦境。

弗洛伊德在《梦的解析》一书中对两种梦境进行了解析：一种是他自己的梦，另一种则是家人和朋友的梦。弗洛伊德在书中总共提到了约五十个自己的梦，其中超过四十个与他的童年记忆有关，而那个让他对人的心理产生全新认识的梦

◎ 1900年，弗洛伊德出版了《梦的解析》。在弗洛伊德的一生中，该书一共刊印了八个版本。

则发生在7月23日晚至24日的凌晨。弗洛伊德在书中将此梦称作"伊玛打针的梦",并将该梦视作"典型样本",供读者理解他所做的相关分析,并进而作为读者解析自己梦境的基础。除了展示梦境分析的过程,弗洛伊德还解释了梦形成的过程,也就是人们熟知的"梦的运作",这便是梦最初形成的根本原因。以下便是弗洛伊德在书中对于梦形成的条件以及梦本身的阐述。

梦的伪装

  一天,一位年轻的同事奥图来找我,他之前曾与我的病人伊玛以及伊玛的家人一起在乡下相处过一段时间。我询问他有关伊玛的近况,他回答称"她比以前好些了,但还不是很好"。他的这番话——或是他说话的语气,让我有些生气。我从这番话中觉察出了责备之意,他对我的治疗效果并不满意。就在那晚,我把我对伊玛的整个治疗过程写了下来,并连同我的想法一起寄给了我们共同的朋友M医生,想让他看看我的治疗方式是否存在不当之处。当晚,我做了如下的梦,这是我在醒来后立刻写下来的内容:

1895年7月23日至24日的梦

宴会大厅里宾客云集,伊玛就在人群之中,我把她拉到一旁,劈头盖脸地责怪她为什么迟迟不接受我的治疗方案。我对她说:"如果你还觉得疼的话,那就是你自找的!"她答道:"你要知道,我最近喉咙、肚子和胃都很疼,疼得要命!"我吃惊地望向她,这才发现她面色苍白,脸也有些肿胀,我不禁开始为自己之前可能疏忽了她的某些疾病而感到担忧。我把她带到窗边仔细检查她的喉咙,她就像那些戴着假牙的淑女一样,对这种检查也表现出一些抗拒。她好像觉得这种检查没有必要,可她还是张开了嘴巴,我发现她口腔右侧有一大块白斑,在另一个地方又有许多灰色的小白斑分布在一些明显卷曲的组织上,看起来就像鼻子里的鼻甲骨——一种向下弯曲至鼻腔内部并被黏液覆盖的结构,呼吸时空气的进出都会通过这个部位。我立刻叫来了M医生,他对伊玛也做了同样的检查,结果和我所见的一样……M医生今天看上去和平时不太一样,脸色苍白,走路一瘸一拐,而且胡子也刮得干干净净的……我的朋友奥图站在伊玛旁边,我的另一个朋友利奥波德正隔着伊玛的上衣给伊玛听诊,并说道:"她胸部左下方听起来有些浊音。"他又注意到伊玛左肩上的皮肤有些异样(虽然隔着衣服,可我也同样注意到了这一点)……M医生说道:"毫无疑问,这是感染,但问题不大,只要拉几次肚子就可以把病毒从体内排出去。"此时,我们都意识到了伊玛这次感染的原因——不久前,伊玛觉得有些不舒服,奥图给她打了一剂丙基、丙基物、丙酸、三甲胺(这些用粗体字印刷的分子式清晰地呈现在我眼前)……一般注射这种药剂前人们都会非常慎重,可伊玛被感染了,这很可能是当时为她注射的针筒不够干净。(弗洛伊德,1900)

为了理解这个梦的含义,弗洛伊德将该梦作为自己研究的起点。他觉得这个梦是有意义的,认为这并非随机产生的混乱图像,而可能来自神经细胞的自发放电。但这个梦中的内容和故事非常怪异,他在头脑清醒的次日早晨回想一下就会觉得梦的内容没有连贯性，也缺乏逻辑。至此便到了自由联想法出场的时候，弗洛伊德将梦中每部分要素所唤起的无意识想法记录下来，并通过自由联想的方法进行推断。奥图因曾含蓄地批评过弗洛伊德的疗法而在梦中受到惩罚，由此，弗洛伊德恢复了自己作为一名称职的专业医生的声誉。弗洛伊德还指出，当时他怀着忐忑和愤怒入睡，并诅咒奥图疾病缠身，这种对奥图报复性愿望在梦中得以实现。弗洛伊德对这个梦的分析表示相当自信，他在给弗利斯的信中写道："你觉得终有一天人们会意识到我现在工作的重要意义，然后表示'西格蒙德·弗洛伊德博士在1895年7月24日揭示了梦的秘密'了吗？"

弗洛伊德通过对梦的观察得出了重要的结论：梦是对某一愿望的满足，而且所有的梦皆是如此——这里的愿望指的是一种在现实中很可能被拒绝或者被禁止的欲望，而不是一种简单的需求。我们如果想要得到某些东西，便会为此而努力，但某些愿望却无法通过自己的直接努力而实现。弗洛伊德拿他的女儿安娜·弗洛伊德（1895—1982）举例，某天安娜因为生病，没吃晚饭就上床睡觉了。据保姆称，安娜是因为吃了太多的草莓才生病的。可就在当晚,弗洛伊德听到了安娜的梦呓:"安娜……草莓……野草莓……火腿煎蛋……布丁。"后来经过弗洛伊德的调查,原来保姆当天既没让安娜吃草莓,也没让她吃晚餐。于是,安娜在当晚的梦里不但吃了花园里种的草莓,还吃了野草莓——她在梦中足足吃了两份草莓。也就是说,安娜在现实世界中被剥夺的愿望在梦里得到了满足。

◎ 1898年弗洛伊德的全家福。安娜位于第一排中间。

孩子想吃草莓的愿望无伤大雅，但我们的某些愿望却可能令人非常反感。譬如，某人大声说出想要父母亲或者自己的兄弟姐妹去死，又或是自己想和某个亲戚发生性关系，这种情感的表达很可能让听者觉得震惊甚至厌恶，其原因在于杀害家人或者乱伦的行为被社会强烈禁止。这些愿望过于大胆，有时候甚至连他们本人都不敢承认。在弗洛伊德看来，这些愿望不可能轻易消失，但是经过我们自身的过滤，这些出格的愿望无法到达我们的意识，我们也就意识不到自己可能有过这些想法了。梦到的事物便是愿望运作的产物，它将潜在的愿望伪装起来，如此便无须全部揭示出愿望中令人无法接受的部分，也能将愿望表达出来。

梦的运作

弗洛伊德在探究梦境中各个元素的联想含义时发现，这种联想会将他带向与开始时截然不同的方向。他引入术语"梦的显意"和"梦的隐意",以区分梦的表面意义和真实意义。

弗洛伊德将梦运作的起点称作"白天的遗留物",其中包含了白天没有实现的愿望,以及儿童时期被唤起却仍未实现的愿望。根据弗洛伊德的理论,梦之所以难以理解的其中一个原因便是多个愿望可能会同时出现在同一个梦境里。这就需要仔细探究并加以区分。弗洛伊德将梦的运作分为四种不同的方式。

凝缩作用

有时候梦的内容会比较简单直接,但更为常见的却是混乱和怪异。弗洛伊德认为大多数的梦并不会受到物理定律、逻辑思维或者叙事结构的约束。不同时代的人和地点可能会同时出现在同一个梦中,并且可能会从一个场景突然跳到另一个场景,这些在现实生活中都不可能出现。在伊玛打针的梦里,弗洛伊德通过自由联想意识到梦中的M医生既代表了他的朋友布洛伊尔,又代表了他的哥哥。自由联想还揭示出梦中的伊玛不仅代表伊玛,还代表伊玛的一个朋友以及弗洛伊德的一个朋友。典型的梦可能很短,但是通过分析可以得出,梦实际上是将一系列错综复杂的事件和人物交织在一起的结果，大量的素材可以凝缩成一个短小的梦中场景。

转移作用

弗洛伊德在梦里责备奥图对伊玛的注射十分草率，甚至懒得给她使用干净的针筒。弗洛伊德借助自由联想法意识到，实际上他责备的不是旁人，正是自己。因为自己对伊玛的治疗没什么显著效果，所以弗洛伊德在梦中把这种难以接受的事实转嫁到了奥图身上。这便是转移作用的典型例子——将感受、特征以及身份转移到他人或者他物之上。

梦的表现

在梦的运作下，复杂的叙事被转化成了具体形象。弗洛伊德认为，人们无法编写一本详尽描述梦中每种形象所代表的含义的字典。但弗洛伊德也表示，有一部分的形象往往代表了一些特殊的物体。比如，钱包或者盒子往往象征阴道，雪茄则象征阴茎。但是这一切并不绝对，具体形象所代表的含义往往需要借助自由联想来加以理解，并不能仅仅依靠精神分析师的假设便得出答案。

二次矫正

一系列不同的事件、人物、符号以及感受，通过凝缩、转移和表现的作用组合在一起。二次矫正便是将这种组合融入某个表面上呈连贯性的形式之中。如果梦表现得过于不连贯或者过于荒谬的话，它会惊扰到做梦的人，使其从梦中惊醒。二次矫正是梦运作的尾声。

弗洛伊德的自我分析

精神分析学诞生的第一步便是发现梦的实质是实现伪装的愿望，第二步则是两年后弗洛伊德的自我分析。弗洛伊德表示第二步始于1897年他寄给弗利斯的一封信。弗洛伊德在信中告诉他的朋友，自己（弗洛伊德本人）成了弗洛伊德的"主要病人"。他随后继续表示，这种对于自我的精神分析是他经历过的所有临床工作中最为艰难的尝试。此举的直接导火索是1896年弗洛伊德父亲的去世。

当时他正遭受丧父之痛因而精神萎靡，同时他对自己的临床工作也忧心忡忡，因为当时来找他看病的新患者很少，他正在治疗的患者也没有好转的迹象。弗洛伊德遭受着自我怀疑和职业危机的双重考验。于是，他开始着手系统性地分析自己的梦，并试图以此洞悉自我，了解自己的焦虑所在。在此期间，弗洛伊德与弗利斯的友谊显得尤为重要。在介绍弗洛伊德的自我分析结果之前，我们很有必要先了解下弗利斯这个人。

1887年，弗洛伊德通过布洛伊尔的介绍，结识了弗利斯。弗利斯是一名优秀的耳鼻喉科专家。当时布洛伊尔建议弗利斯去旁听一下弗洛伊德在维也纳大学的讲座，不久后，比弗洛伊德小两岁的弗利斯便取代布洛伊尔，成了弗洛伊德最亲近的知己。两人自结识后便保持着频繁的书信往来，这种状态一直持续到1904年。后来两人友谊破裂的主要原因在于，到底是谁首先提出"雌雄同体是人在自身性倾向发展过程中的原始状态"这一论点，二人为此争论不休。在两人十七年的友谊中，弗洛伊德给予了弗利斯极大的信任，他们分享彼此的理论推测，也交换各自的秘密。弗洛伊德一共给弗利斯写了超过两百封信，其中相当数量的信件与精神分析学的诞生有关。这些信件于20世纪50年代公之于众,但弗洛伊德烧毁了弗利斯寄给他的全部信件,所以我们对于两人书信往来的认知只能是单方面的。

弗利斯对神经症十分着迷,对普通心理学、生理学和生物学的问题,特别是鼻子和鼻腔在人类性行为中所起的

◎ 1890年,弗洛伊德与弗利斯的合照。两人经布洛伊尔引见后相识,并共事了许多年。

作用很感兴趣。值得注意的是，在伊玛打针的梦里，弗洛伊德检查伊玛的喉咙时发现了鼻甲骨——梦境中的这一细节显然与弗利斯有关。弗利斯基于以下的观察构建了自己的理论：妇女在月经期间鼻子出血的概率会增加，鼻子是人体中除生殖器官以外唯一由勃起组织构成的器官（鼻子会随着冷、热、湿、干的变化而膨胀或收缩，以调节进出的空气流量）。1893年，弗利斯出版《鼻反射神经症》，向科学界展示他的理论成果。

弗洛伊德对弗利斯十分信任，并且对他的技术水平也很有信心。弗洛伊德不仅让弗利斯给自己的鼻腔动手术，还鼓励他的一位名叫艾玛·艾克斯坦（1865—1924）的患者接受同样的手术。结果却搞砸了，术后艾克斯坦的鼻子一直流血。在随后的修补手术中，弗利斯的疏忽之处才被发现：他在艾克斯坦的鼻腔中遗留了一长条纱布。尽管弗利斯犯下了如此严重的错误，但弗洛伊德还是保持了与弗利斯的友谊，并让他继续替自己做另外两场鼻腔手术。对弗洛伊德而言，弗利斯的重要之处在于他能随时与弗洛伊德交流其自我分析的进展，并一起广泛地讨论性欲在人类发展过程中的重要作用。

◎ 艾克斯坦曾经是弗洛伊德的病人,之后她也成了一名精神分析学家。

放弃引诱理论

弗洛伊德自我分析的最初成果之一便是对引诱理论的自我否定。弗洛伊德在1897年(弗洛伊德将引诱理论介绍给同行仅十八个月后）给弗利斯的一封信中写道："我已经不相信自己的神经机能病理论了。"这句话表明弗洛伊德放弃了之前的两个解释歇斯底里症的理论，即被压抑的创伤记忆理论（布洛伊尔的理论）以及被压抑的性侵犯理论（引诱理论）。

弗洛伊德之所以放弃这个他曾经很感兴趣的理论，原因之一就是他不得不承认宣泄疗法几乎无法得到一个完整的分析结论——通过宣泄疗法消除某些症状后又会产生新的症状，患者因此不得不继续进行治疗。另一个原因在于，尽管弗洛伊德了解到儿童遭受性虐待的现象广泛存在，但他也意识到在治疗歇斯底里症和强迫症的临床实践中，施虐者往往都是儿童的父亲。这使得弗洛伊德相信，在这些遭受过性虐待的儿童病例中，父子或父女的关系还存在特殊之处。弗洛伊德放弃引诱理论的更深层次原因还在于：他曾尝试为神经科医生发展一套新的心理学理论，并对之前两个阶段的研究工作进行了区分，但弗洛伊德仍然无法从临床分析的角度判断患者的陈述是真实存在的还是只是病人的幻想；尽管病人遭受着精神折磨，无法压抑自己的创伤记忆，可弗洛伊德仍然无法从患者的只言片语中寻找到有关病人父亲对其进行性虐待的证据。但弗洛伊德在给弗利斯的信中也明确表示，与自己预想的有所不同，放弃引诱理论并没有让他感到沮丧或失望，恰恰相反，他从中备受鼓舞，因为构成精神分析学的基本要素都已经到位。

第一拓比理论：无意识、前意识和意识

　　现在是时候将梦境分析的成果与弗洛伊德的自我分析结合起来。弗洛伊德通过对梦境的分析意识到梦是对于自我愿望的满足。我们的一部分愿望过于危险，并不会成为自己的意识，因为这部分与性有关的愿望是被禁止的。而在同一时期，弗洛伊德率先提出了戏剧《俄狄浦斯王》的重要性，这部戏剧讲述的是俄狄浦斯王杀父娶母的故事。

　　我们内心被禁止的愿望并不会随着时间消散，也不会自己消失，它们活跃在我们的无意识中并寻求得到满足。

虽然我们可以通过自己的梦境对它们窥得一二，但这些愿望即便在梦里也受到阻挠，无法通过梦的运作成为自我意识，它们只能乔装打扮后以隐晦的方式传达出来，以期得到实现。在日常生活中，我们通过防御和压抑的方式审查并阻止那些不恰当的部分进入自我意识，并把被禁止的愿望禁锢在无意识里。而有些素材并不在我们的意识中，它们不受防御和阻抗[1]的制约，我们可以随意接触，这些素材我们称为前意识[2]。上述基本模型提出了意识、无意识以及前意识的概念，这三者都受到防御和压抑的审查，组成了既互相独立又彼此关联的系统。该系统便成了弗洛伊德的第一拓比理论，并首次在《梦的解析》第七章中被提及。在本书的第七章中我们也会看到，这个模型在20世纪20年代被第二拓比理论所取代，第二种模型引入了本我、自我和超我三个概念。

[1] 患者抵抗精神分析师企图将无意识冲动或想法变成意识的过程。

[2] 一种心理过程。拥有前意识的人并不会意识到它的存在，但也不会受到主动压抑。

《梦的解析》面世后的第二年,弗洛伊德出版了《日常生活的精神病理学》。他在书中记载了一些我们在平日清醒状态下能够发现的伪装愿望,这些愿望存在于我们的动作倒错(又称口误)、简单的失误以及遗忘之中,这些现象每天都在发生。弗洛伊德拓宽了精神分析法的应用领域。他认为,精神分析不仅和神经症与歇斯底里症的研究有关,也同样适用于那些真正想要了解正常人类的心理是

◎ 1930年,弗洛伊德伏案工作时的照片。

如何运作的人。

弗洛伊德不断与各类神经紊乱患者合作，并将精神分析学传授给更多的人，以此进一步阐述和完善精神分析法的概念框架。在下一章中我们将重点关注那些对弗洛伊德来说最重要的患者的病历。这将向我们展示弗洛伊德是如何通过对梦的分析发展他的理论的，也会让我们清楚地看到弗洛伊德本人在进行自我精神分析时的感受。

TIPS

◆ 1895年,弗洛伊德采用了对梦进行分析的方法,并认为梦是一种对愿望的满足。

◆ 1897年,弗洛伊德开始进行自我分析。

◆ 1897年,弗洛伊德在写给弗利斯的信中否定了自己的引诱理论。次年,他开始撰写一本与梦有关的书。

◆ 1900年,《梦的解析》出版。该书解释了梦运作的过程。

◆ 弗洛伊德对神经症的理解发生了很大的变化,此前他认为神经症是"一种创伤记忆",之后转变为"对冲动和本能的应对"。

⑤ 患者案例

弗洛伊德使用患者的案例解释、阐述以及证明他的精神分析学研究和相关著作，这些案例同样可以对从其他学科的实验、调查或观测研究提取的定量数据进行收集和分析。因此，对这些案例的研究是精神分析学的基石。

在弗洛伊德治疗的约一百二十名患者中，只有四名患者详细记录在案，并作为拓展性的案例进行研究；五分之一的案例是基于囚禁在精神病医院的患者自述，弗洛伊德既没有和这些患者有过任何接触，也没有对他们进行过临床治疗。1905—1918年间，弗洛伊德对这些案例的研究结果陆续发表。但1918年以后，弗洛伊德不再记录和拓展研究这些患者的精神分析。

这些拓展案例的研究自首次发表以来便受到了极大的关注。一代又一代的精神分析学家利用这些案例来了解弗洛伊德当时的临床实践工作，而对这些案例的研究如今已经成了精神分析领域的经典之作。其中的一些患者，比如，朵拉、鼠人、小汉斯、狼人以及丹尼尔·保罗·施雷柏（1842—1911），也都成了经典人物。在弗洛伊德死后，人们努力寻找这些患者的真实身份，想要获得他们的生平经历，以核实弗洛伊德叙述的真实性并评估弗洛伊德精神疗法的长期效果。

朵拉：歇斯底里症

在弗洛伊德呈现的案例研究中，第一个患者化名"朵拉"。该案例因朵拉决定终止治疗而以失败告终，这大大出乎弗洛伊德的意料。弗洛伊德称，虽然患者未能完成整个治疗过程，但此案例的研究仍极具价值。在朵拉接受治疗前，弗洛伊德刚出版的《梦的解析》中引入了梦境分析的方法，该案例不仅为这种方法的临床价值提供了一个明晰的例证，而且揭示出复杂的歇斯底里症症状的性冲动根源。朵拉的治疗过程并不长，她在1900年接受了三个月的精神分析治疗，但直到1905年弗洛伊德才将朵拉的案例整理和发表在《歇斯底里症案例分析的片段》一文中。朵拉的案例让弗洛伊德殚精竭虑，但也使他对移情[1]的概念有了更深的理解。

[1] 患者将精神分析师假想成自己过去遇到过的某个人物的行为。

◎ 伊达·宝儿与哥哥奥图。弗洛伊德将宝儿化名为"朵拉",她是弗洛伊德最重要的案例研究对象之一。

    弗洛伊德在这份案例报告中首先描述了朵拉的病症史以及她的家庭背景。朵拉在接受治疗时刚满十八岁,可她却遭受着各种病症的折磨,包括失音症、抑郁和呼吸问题——感到喉咙发紧且难以呼吸,还容易头晕,并且有过轻生的念头。朵拉所表现出来的正是典型的歇斯底里症症状。针对这种症状,当时几乎所有的神经科医生都会使用催眠暗示或者电疗来进行治疗。对于失音症，当时普遍的治疗手段是对喉咙通电，用物理方法治疗受损或者功能失常的神经。但弗洛伊德坚信歇斯底里症症状的根源来自被压抑的性愿望，所以他采用全新的精神分析法对朵拉进行治疗。

朵拉的家庭成员包括她的父母以及一个哥哥，弗洛伊德对他们十分熟悉。但随着治疗的深入，不久弗洛伊德便对其家庭成员间复杂的关系感到瞠目结舌。朵拉的父母与K家关系密切，并且朵拉的父亲与K夫人有染也已是公开的秘密，这事自然躲不过朵拉的眼睛。

朵拉一家与K先生一家一道在他们的湖边住所共度假期。假期里，朵拉告诉父亲K先生曾向她求欢，但被她拒绝了。面对朵拉父亲的当众指控，K先生矢口否认自己曾经有过任何不当的举动。K先生还反咬一口，认为朵拉终日沉迷于淫秽书刊，满脑子充斥着各种性幻想。朵拉的父亲听信了K先生的话，认为朵拉对K先生的控告出于朵拉的幻想。朵拉开始觉得，父亲这种不信任自己的行为无疑是默认将自己献给K先生，父亲想以此来换取与K夫人之间持续的婚外情。虽然朵拉深爱着自己的父亲，但她也对父亲这种不顾及自己感受，强行与别人交易的行为感到十分气愤，之后她的歇斯底里症症状便开始出现。回到维也纳后，朵拉的病症变得越发严重，于是父亲带她来见弗洛伊德。

一开始，弗洛伊德和朵拉父亲一样，并不相信朵拉所讲述的在湖边被K先生强吻的说法。弗洛伊德用术语"掩蔽性记忆"描述这种现象。该术语指的是受压抑的性经验被一些不重要的零碎记忆取代。在这个案例中，弗洛伊德认为所谓的在湖边被强吻实际上指的是朵拉十三岁时的遭遇。该遭遇虽然让朵拉心烦意乱，但是被压抑了下去。那时候K先生邀请朵拉去他的办公室观看窗外的游行表演。K先生对此进行了精心的安排。在两人独处时，K先生突然抱住朵拉并强行吻了她，朵拉感到很恶心并推开了K先生。弗洛伊德认为这种厌恶之情并不是如性侵报告中描述的一般，而是一种歇斯底里症的症状。他认为，一个十三岁的健康女孩受到这种性接触肯定会唤起其性兴奋。弗洛伊德据此推断朵拉必定感受到了K先生顶在自己身上的男性硬物，因此产生了无法接受的感觉和性欲，之后窒息和失声的症状便是对此的替代。不客气地说，窒息和失声就

◎ 弗洛伊德写给弗利斯的一封信，信中弗洛伊德向弗利斯阐述了朵拉的案例。

是朵拉压抑自己想要与K先生口交欲望的结果。

弗洛伊德认为朵拉对自己的父亲和K先生均怀有不可接受的性冲动，这种冲动的基础从她的两个梦境可以得到体现。弗洛伊德记录了朵拉陈述的第一个梦境：

"房子正在着火，父亲站在床边叫醒了我，我赶紧穿好衣服跟随家人一起跑出了屋子。可就在这时母亲突然停了下来，想要回去拿她的首饰盒，但父亲却说：'我不能为了抢救你的首饰盒而让自己和两个孩子葬身火海。'我们快速跑下楼，一出门我就醒了。"

弗洛伊德开始运用自由联想疗法，他要求朵拉对梦的内容做出最自然的反应。弗洛伊德对这一连串联想的解释是：首饰盒象征了朵拉的童贞，当时它正遭受来自K先生的威胁，而朵拉则想与父亲一起逃离K先生。

在第二个稍长一点的梦中，朵拉在一个陌生小镇的广场上四处走动。她发现了自己居住的房屋，并在屋子里找到了一封母亲寄给她的信。母亲在信中告诉朵拉父亲已经死了，并催促她赶快回家。在朵拉前往火车站的途中，她要穿越一片茂密的森林，但无论如何都无法接近目的地。正当朵拉焦急赶路时，她碰到了一名陌生男子，该男子提出送朵拉去车站，但被朵拉拒绝。随后，朵拉突然发现自己身处家中，用人告诉朵拉，她的母亲和哥哥都在墓地里。弗洛伊德据此推断，森林里的那个男子象征的是K先生，茂密的森林以及朵拉游荡的小镇广场则象征她的性器官。

弗洛伊德对朵拉的梦境进行分析，并告诉朵拉被压抑的欲望是导致躯体症状出现的罪魁祸首。随着治疗的不断深入，朵拉慢慢接受了这个说法。有一天，朵拉突然出现在弗洛伊德的诊所，告知他自己将不再继续接受治疗。弗洛伊德对此感到很吃惊。经过一番仔细的思考，弗洛伊德得出结论：他认为自己在为朵拉实施治疗期间，朵拉多次将他当作自己的父亲和K先生，而不是治疗的医生。弗洛伊德将这种效应称为"移情"。弗洛伊德起初认为移情是一种治疗过程中的阻碍，但随后他改变了自己的想法，认为治疗师与患者之间的这种关系是精神分析治疗中必不可少的组成部分。之后，在弗洛伊德回顾患者对于治疗的阻抗和防御时，他又进一步发现了反移情现象。

鼠人：强迫症

只有少数几个病人，弗洛伊德认为完全治愈了，"鼠人"是其中之一。弗洛伊德通过这个案例证明，精神分析法不仅可以医治歇斯底里症，还能治疗强迫性神经症。后来"鼠人"的身份得到确认，他叫恩斯特·兰策（1878—1919）。弗洛伊德在1907—1908年对兰策进行了数月的治疗，并于1909年将案例分析报告发表在当时刚创刊不久的《精神分析与精神病理学研究年鉴》上。

弗洛伊德在《关于一例强迫性神经症的备忘录》中详细描述了对这位二十九岁青年的治疗过程。患者长期患有各类衰弱症状，包括强迫性思维、总想做一些明知有害或者令人感到恶心的事情的冲动，以及对某些特殊的仪式有强烈的执念。兰策每天都要与这些病症做抗争，这让他心力交瘁，做事变得优柔寡断、犹犹豫豫。慢性拖延症使得兰策花费了十年时间才取得律师资格，并犹豫了许多年是否应该结婚。强迫性思维使得兰策总是担心死亡会突然降

◎ 弗洛伊德的《关于一例强迫性神经症的备忘录》手稿（1909）。在这个案例笔记中，他将描述对象称作"鼠人"。

临在自己的父亲和心爱的女孩身上,也使他需要经常压抑自己想用刮胡刀割喉自杀的冲动。甚至有一段时间,他深信自己心爱的女孩将会在一场交通事故中遭受到严重伤害,而导致这场意外发生的原因仅仅是车轮撞到路边的一块石头。兰策走上街头,挪走家门附近路边的一块石头,没多久,兰策又折回来,将石头放回到原来的位置上,可随后兰策又开始担心起来,于是又返回路上将石头移走。就这样,兰策陷入了强迫症导致的循环怪圈之中。

弗洛伊德认为这些强迫症的根源来自兰策的幼年时期,于是便运用精神分析法的自由联想技术探究兰策的童年生活。兰策回忆称,在六岁的时候,有一个家庭女教师让自己去她的床上玩耍,这让兰策产生了莫名的性冲动。从那以后,只要一有机会,兰策就会钻进女教师的裙子底下抚弄她的生殖器。兰策由此产生了一种想要窥视女性裸体的强烈愿望,这种愿望同时也伴有非常强烈的内疚感。兰策在十二岁时喜欢上了一个女孩,但那个女孩却对兰策没有兴趣,也极少搭理他。于是,兰策开始幻想自己的父亲生病去世,这样自己就可以继承遗产,从而得到渴望已久女孩的关注。弗洛伊德意识到上述内容与兰策所表现出的病症体现出兰策对自己所爱的人充满了情感上的矛盾。

对于与自己亲近的人,兰策既爱又恨——既想保护他们,又有伤害他们的冲动。

兰策是一名预备役部队的军人,有一次被征召去参加了一场军事演习,其中的一次经历使他获得了"鼠人"的称号。兰策抵达营地时发现自己的眼镜丢了,于是他从维也纳又预订了一副新的眼镜寄往基地。在等待新眼镜的这段时间里,兰策经常和基地里的军官们聊天。一名以残忍著称的陆军上尉向兰策讲述了一个有关酷刑的故事——受害者被固定在地上,臀部下方被捆绑上一个装有老鼠的罐子。而对故事接下来的内容兰策自己无法清楚地表达出来,只能由弗洛伊德替他讲述出来——老鼠无法找到其他的逃生之路,只得钻进受害者的肛门来逃离罐子。

在分析兰策提及的这个酷刑的本质时,弗洛伊德注意到兰策的脸上流露出既恐慌又愉悦的表情,这也暴露出他对自己所爱之人的矛盾情感。这种矛盾情绪[1]源自他和父亲之间悬而未决的冲突关系,这一切又和他童年

---

1 对某人或某物持有矛盾的情感或冲动,比如,对父亲或母亲既爱又恨的感情。

时期的性欲望紧密关联。兰策既想要窥视裸体女性，以满足自己的性欲望，又怕这么做的话父亲会死去，所以他总是处在一种无法忍受的内疚自责状态中。在兰策未解决的俄狄浦斯情结[1]里，他对于父亲的仇恨与自身对这种仇恨的内疚深入到了他的无意识之中，并发展成了心理和行为上的强迫症。从弗洛伊德的案例卷宗内容来看，他对兰策的治疗最终取得了圆满成功。兰策经过自由联想疗法的治疗，所有的强迫性症状都消失了，此后再也没有复发过。

小汉斯：恐惧症

1909年，弗洛伊德发表了第二篇案例

---

[1] 儿童爱恋母亲并对父亲抱有敌意的无意识感觉和想法。

研究，名为《关于一名五岁男童恐惧症案例的分析》。患者在案例报告中被取名为"汉斯"，但这名小男孩的真名叫赫伯特·格拉夫，他的父亲马克斯·格拉夫是弗洛伊德的朋友。那时有一个讨论小组每周三都会去弗洛伊德家中讨论梦境、无意识和精神分析等内容，格拉夫便是其中的一员。弗洛伊德曾让小组中的成员收集记录对儿童性行为的观察，于是格拉夫便开始在赫伯特两岁时记录其相关行为。格拉夫观察到，赫伯特对自己的阴茎很感兴趣，将其称作自己的"小家伙"，并且询问父母是否也有"小家伙"，母亲告诉赫伯特自己也有。一次赫伯特看到奶牛正在挤奶，便说牛奶正从奶牛的"小家伙"里出来。

在赫伯特三岁半的时候，母亲发现赫伯特经常触摸自己的阴茎，于是警告赫伯特必须停止这种行为，否则就会让父亲把他的"小家伙"割掉。但赫伯特对摸自己的"小家伙"仍乐此不疲，并开始好奇男女"小家伙"构造的不同之处。赫伯特的父亲详尽地记录了赫伯特对"小家伙"的种种疑问，并把这些记录交给弗洛伊德。赫伯特四岁半的时候，格拉夫写信给弗洛伊德，这一次格拉夫并不是向他提供相关的观察记录，而是因为自己的儿子赫伯特现在成了一个"案例"。

格拉夫告诉弗洛伊德，四岁半的小赫伯特最近变得越来越焦虑，他害怕母亲会突然离开自己，害怕自己一走出房子就会有马咬自己。最严重的一次是，赫伯特与保姆去公园散步时，这些恐惧感突然涌上赫伯特的心头，他感到很痛苦，要求保姆立刻带他回家去见母亲。还有一次，赫伯特走进父母的卧室，非要和他们一起睡。格拉夫鼓励赫伯特回自己卧室，但母亲却同意了赫伯特的请求，就这样，赫伯特留在了父母的床上。第二天，格拉夫询问赫伯特为什么在前一天晚上想要和父母一起睡。赫伯特告诉父亲说自己看到卧室里有两头长颈鹿，一头高高的，一头又小又"皱巴巴"。当他想要把"皱巴巴"的小长颈鹿带走时，大的长颈鹿发出了叫声，想要"皱巴巴"的小长颈鹿留在自己身旁，但是"皱巴巴"的小长颈鹿并没有理会它。当赫伯特坐到"皱巴巴"的小长颈鹿身上后，大的长颈鹿终于停止了叫唤。

格拉夫在一封写给弗洛伊德的信中用俄狄浦斯情结解释了赫伯特的这种幻觉：大的长颈鹿代表格拉夫自己——拥有"大阴茎"的父亲；"皱巴巴"的长颈鹿则是赫伯特

的母亲。赫伯特将自己的母亲从父亲身边"夺走",坐在母亲身上表明他战胜父亲并成功拥有了自己的母亲。弗洛伊德同意格拉夫对赫伯特幻觉以及焦虑根源的分析；赫伯特对母亲的性冲动日益强烈,并很可能压垮他。这些感受并不会消失,而是受到了压抑,成了无意识的一部分。弗洛伊德在给格拉夫的一封回信中表示:"赫伯特是个真正的小俄狄浦斯,他希望父亲以死亡的方式'离去',以便让自己与美丽的母亲独处,与她发生性关系。"

对当时的弗洛伊德和格拉夫而言,导致赫伯特痛苦的俄狄浦斯根源已经一清二楚了,但是他独特的惧马症成因却仍是未解之谜。后来,赫伯特回忆称自己对于马的恐惧最早起源于一次和母亲的外出,那时他看到一匹马拼命拉动一辆满载的货车却摔倒了,马努力想要站起来,拼命发出嘶嘶的叫声。他坚信当时自己亲眼看到了一匹马的死亡过程。弗洛伊德在诊疗室与格拉夫和赫伯特聊天时注意到,格拉夫脸上所佩戴的眼镜和浓密的胡子在视觉上类似于马的眼罩和用羊皮制成的鼻羁（安装在马脸上,以防止马匹受到其他马匹及路况的影响而分散注意力）。虽然赫伯特曾经很想父亲像那匹马一样在街头摔倒死掉,但赫伯特现在却因为深爱父亲而对此感到内疚。他非常害怕父亲会阉割自己。为了应对这种矛盾的心理，赫伯特只好压抑对父亲的憎恨，将自己对父亲的恐惧转移到对家庭以外的事物上，而对父亲想要阉割自己的恐慌也转移到了马的身上。赫伯特通过对想让父亲如街上的马匹一般死去的愿望，以及自己害怕被马咬的恐慌的理解，让自己有能力应对自身的俄狄浦斯情结，即父亲是自己在占有母亲过程中所遇到的最强大对手。

施雷柏：妄想症

1911年，弗洛伊德出版了《对一例妄想症（妄想性痴呆症）患者自传的精神分析评注》一书。书中，弗洛伊德用精神分析的方法对施雷柏的病情进行了分析。施雷柏出生于莱比锡上流社会，他的父亲经营着一家疗养院，施雷柏和弟弟古斯塔夫均学习法律并成了法官。1885年，施雷柏在竞选德国国会席位失败后开始发病，他找到了保罗·弗莱克西希医生（1847—1929）为自己诊治，弗莱克西希诊断他患上了疑病症。施雷柏随后得到了有效的治疗并顺利康复出院，但在八年后升任德累斯顿首席法官之后，他旧病复发，并且其症状越发严重起来。

疑病症的患者通常对光和声音过度敏感。当施雷柏一动不动地连续坐上数小时

◎ 施雷柏，法官，患有疑病症和多种幻觉。弗洛伊德凭借其自传对施雷柏进行分析。

之后，就会出现幻觉和妄想症。起初，施雷柏认为自己正在遭受弗莱克西希的迫害，认定弗莱克西希是一个"灵魂杀手"，他想通过手术将施雷柏的身体变成一个女人。随着施雷柏妄想症的恶化，他觉得迫害他的人不再是弗莱克西希，而是上帝，并且他与上帝进行了好几个小时的直接

对话。随后这种幻觉又发生了反转，施雷柏开始相信上帝想与他共事，而不会对他施加酷刑或惩罚，他认为上帝只想将他变成女人，好让他抚养上帝的孩子们并拯救世界。施雷柏开始长时间不进食，也拒绝排便，身体状况逐渐恶化，这对他的健康造成了严重的影响。

弗洛伊德并没有亲自参与对施雷柏的治疗，也没有和施雷柏见过面，他仅凭借施雷柏的自传《一个神经症患者的回忆录》对施雷柏进行精神分析。而施雷柏撰写这本书的目的是想证明自己并没有疯，应该被从精神病院里释放出来。

朵拉、鼠人和小汉斯都是弗洛伊德治疗过的神经症患者，他们的疾病包括了歇斯底里症、强迫症和恐惧症。弗洛伊德认为精神疗法并不适用于那些脱离现实、精神状态受无意识支配的精神疾病。施雷柏的自传材料正好给了弗洛伊德一个机会，他想借此证明，精神分析除了用作治疗，也可以用于了解精神疾病。

但弗洛伊德对施雷柏自传的分析却饱受争议，原因在于弗洛伊德将施雷柏的症状归因于他压抑了自己对同性的性冲动。弗洛伊德从施雷柏和弗莱克西希的关系入手进行分析，在弗洛伊德看来，施雷柏疑病症的第一次发作多亏了弗莱克西希的医治，施雷柏对弗莱克西希心存感激，但这种感激之情与施雷柏对这位精神病医生强烈的同性爱慕之情交织在一起。施雷柏爱上了这位医生，但是这位上流社会的中年法官不能接受也无法处理这种同性之间的爱

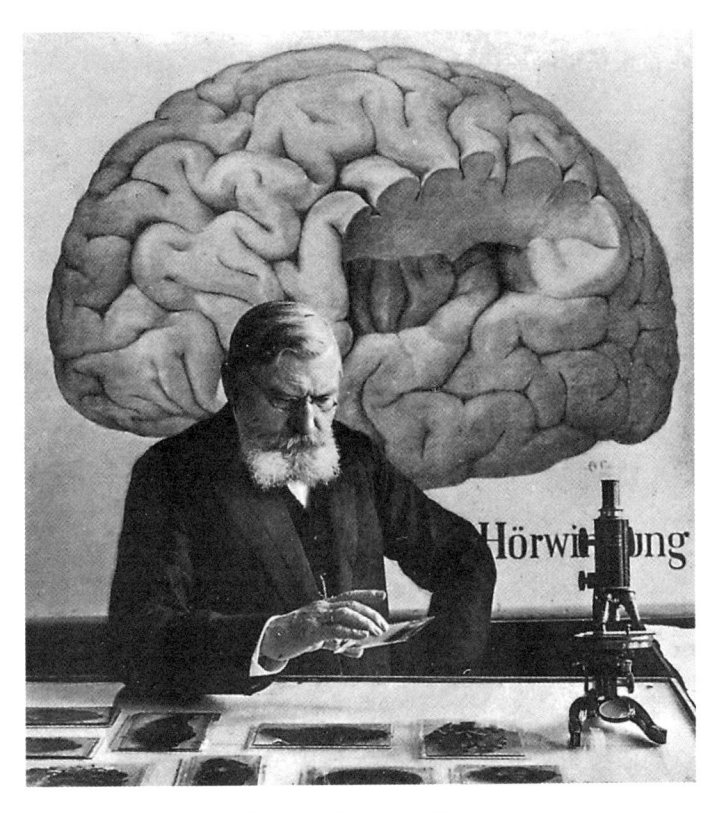

◎ 1909年，精神科医生弗莱克西希办公的照片。

情。为了应对内心的矛盾,施雷柏对弗莱克西希强烈的爱慕之情发生了逆转,他怀着像之前爱慕弗莱克西希一般强烈的情绪去憎恨他,并努力想要使自己习惯这种强烈的情绪反差,这便是他感觉自己受到迫害的原因:为了替这种新产生的仇恨情绪做辩解,施雷柏开始让自己相信弗莱克西希正在密谋加害自己。

狼人:幼儿神经症

弗洛伊德在1918年的一篇名为《出自一个幼儿神经症的病史》的文章中介绍了狼人的案例研究。狼人名叫谢尔盖·潘克耶夫(1886—1979)。有一阵子,潘克耶夫发现自己越来越难以维持正常的生活,于是在1910年2月找到弗洛伊德寻求治疗。潘克耶夫在此之前也拜访过包括著名的埃米尔·克列普林(1856—1926)在内的一些医生,他们诊断其患上了躁狂抑郁性精神病。弗洛伊德花费了四年半的时间治疗潘克耶夫,并在精神分析的早期就诊断他患上的是幼儿神经症。在这份超过一百页的案例研究中,弗洛伊德费尽心思,系统性地重建了潘克耶夫八年的童年时光,确信潘克耶夫的问题并非其大脑的退化,而是和他的过去有关。

◎ 弗洛伊德案例笔记中著名的狼人——潘克耶夫。

　　据潘克耶夫的自述,他早期的童年生活十分平淡,没有什么特别的地方。父母经常说他三岁半前很安静、脾气也很好,但之后就变得很淘气并开始尖叫着乱发脾气,根本无法安静下来。他也开始手淫,为此还经常受到保姆的严厉责罚。在接受分析治疗期间，潘克耶夫回想起那段时间他经常幻想自己的阴茎受到伤害。他还记起姐姐曾经作弄过自己，强迫他观看童话故事《狼和七只小羊》里狼的图片，并且总是用狼吓唬他。潘克耶夫的生日恰逢圣诞节，在他四岁生日的时候，潘克耶夫梦见几头狼正坐在他卧室窗外的树上，于是他对狼产生了恐惧感。随着年龄的增长，这种恐惧感逐渐消失了，可潘克耶夫却开始对粪便着迷。此外，他还常常虐待动物并以此为乐，比如，他会把从花园里找到的毛毛虫活生生地切开，观察它们痛苦扭动的样子。

在分析治疗的过程中，弗洛伊德和潘克耶夫一致认为那个与狼有关的梦是其病症的关键所在。潘克耶夫回忆当时的情景："我上床睡觉，脑子里想着圣诞树下的礼物。在梦里我醒了过来，看见自己卧室的窗户突然自动打开了，六七头长着狐狸尾巴的大白狼蹲在窗外的大树上。它们的耳朵竖立着，警惕地死盯着我，然后我就被惊醒了。"弗洛伊德仔细地分析了潘克耶夫的梦境，并运用自由联想技术研究了他童年时发生的其他事件，认为潘克耶夫的这个梦与他更早之前发生的某个被压抑的事件有关。

◎ 童话故事《狼和七只小羊》中的插图。潘克耶夫认为这则故事特别可怕。

弗洛伊德分析了潘克耶夫梦中的每一个元素,认为梦境中充满了与阉割焦虑有关的意象:巨大的狐狸尾巴。在弗洛伊德看来,大尾巴象征着男性生殖器,这是对潘克耶夫阉割恐惧的补偿。于是弗洛伊德得出结论,潘克耶夫记忆中被压抑的更早之前的事件，是他在十八个月左右的时候看到父亲对趴在床上的母亲采用"后入式"的交媾场景。弗洛伊德将孩子看到父母交媾的过程称作"原初场景"，认为这会对孩子的心理产生重大的影响。因为孩子经常将这种交媾行为视作父亲对母亲的侵犯，但事实上这是一种性兴奋，经常会带来强烈的阉割焦虑。梦中的潘克耶夫躺在床上看到白色皮毛的狼，实际上象征着他的父母光着身子披着被子交媾的场景，即象征着潘克耶夫的原初场景。

  弗洛伊德每周给潘克耶夫进行六次心理分析治疗，每年持续九个月，共维持了四年半的时间。潘克耶夫曾被认为得了不治之症，可他的病症却在弗洛伊德这里得到了治愈。

TIPS

◆ 1905 年至 1918 年期间,弗洛伊德撰写了四篇有关他的患者的拓展性案例研究,以及一篇以一位精神病人的自传为基础的研究报告。

◆ 这些案例研究带领我们进入弗洛伊德的精神分析世界,向我们展示他是如何使用各种方法治疗歇斯底里症、强迫症、恐惧症、妄想症以及幼儿神经症。

◆ 这些研究既涉及相对简单的案例(小汉斯),也有错综复杂的案例(狼人)。这些研究既凸显出幼儿性欲对于理解成年后机能失调的重要性,同时也向我们展示使用自由联想与梦境分析能够揭示幼儿的无意识愿望。

精神分析学的方法论

⑥

之前章节中对于弗洛伊德著名案例的研究讨论引领我们进入了精神分析的世界。这些研究综合了患者病史、病症描述、相关理论以及基于患者治疗方法的分析，弗洛伊德与这些患者既有短暂接触，又有长期治疗——弗洛伊德和小汉斯只见过一次面，而治疗狼人却耗费了他四年多的时间。可是无论治疗时间的长短，在患者的病例档案中，弗洛伊德对病人实施精神分析疗法的操作细节总是一笔带过，这是因为他只是想要通过这些病例档案将精神分析思想的整体性呈现给读者，而不是告诉读者精神分析疗法的具体实践方法。在本章中，我们将把视角转向更为清晰具体的精神分析方法。我们首先会考察弗洛伊德某种方法的理论假设，然后再讨论他对实施精神分析法技巧的具体建议。

内省与精神分析的对比

自19世纪80年代以来，德国从事学术研究的心理学家都信奉以严格受制的内省方式研究心理现象的构造，其中包括了经常在心理学教材中提及的威廉·冯特（1832—

1920）。他被认为是第一位"科学"心理学家。1907年，冯特为真正的科学内省法制定了四条规则。

  1.观察者必须尽可能使自己处在能够观察到事件发生的位置上。
  2.观察者必须最大限度集中注意力观察各种现象的发展过程。
  3.为了确保观察结果的可靠性，每次观察行为都必须可以在类似的环境下重复实施。
  4.必须从诸多变化的环境中查明所观察现象发生的条件，待条件得到确认后必须定期在各类恰当的试验中改变这些条件。
  （出自冯特于1907年发表的《关于问题、实验和思维心理学的方法》）

  根据冯特的理论，如果观察者遵守这些规则，那么大脑对他们而言就是"透明"的，他们有可能直接观察到精神世界，并在此基础上建立一套科学、客观的心理学体系。冯特坚持认为，遵守这些规则并不是一件简单的事，只有那些经过悉心培训的医学助手才可以做到，而且他们需要进行数十甚至上百小时的自省练习，之后他们撰写的

我的爱好是 研究疯子

报告才能得到认可。

　　作为一名心理学家，弗洛伊德的出发点却与众不同。弗洛伊德在巴黎跟着沙可学习，随后返回维也纳成了一名临床医师，在他之后的职业生涯中，弗洛伊德一直坚持从临床经验的视角分析和处理问题。与完全控制自我观察（一种科学的反省方法）的受过专业训练的医学助手不同，弗洛伊德面对的是因饱受折磨而不能完全控制自己的患者。众所周知，临床会诊的主要目的是治愈患者，所以对弗洛伊德而言，理论的发展应当基于临床的经验而展开。显然冯特并不会允许弗洛伊德的任何患者参与他的实验，弗洛伊德

◎ 冯特，第一批"科学"心理学家之一。

的方法对冯特的心理学研究也毫无参考价值。冯特与弗洛伊德之间更为重大的一个分歧在于，弗洛伊德从治疗病人的过程中吸取了一个重要教训：内省在研究精神世界方面的作用有限。在进入临床神经病学领域相当长一段时间之后，弗洛伊德得出了他最坚定的结论：无论他的患者多么努力地集中注意力，他们都无法获取幼儿时期的记忆，这便是这些患者所面临的基本问题。但通过精神分析的方法，运用自由联想技术便可以获得这些记忆。本章我们将再次讨论自由联想这一分析方法，旨在突出弗洛伊德对这一方法的运用。此外，本章还强调了弗洛伊德一直坚信无意识是存在的，并且是精神分析学的立足根本。

自由联想法

弗洛伊德并不是历史上首位使用自由联想方法的心理学家。19世纪70年代，心理测量方法史上的关键人物弗

我的爱好是 **研究疯子**

朗西斯·高尔顿（1822—1911）有一次在伦敦帕尔美尔街闲逛，注意到路边有大概三百件物品能够激发自己对不同时期人或事物的记忆。随后，高尔顿便利用单词表开展实验，测量每个单词激发记忆所需的时间。高尔顿从这些实验中发现，相较于最近的记忆，人们对于幼儿时期记忆的联想往往更为常见。这意味着人们的早年时光对于寻找被遗忘的记忆具有特殊的意义，而这些记忆大部分都被掩埋在了许多层后续记忆之下。在《人类才能及其发展的研究》一书中，高尔顿深信自己的实验和观察表明存在"一类完全处于意识层面之下的心理活动"，但他并没有尝试描述或者研究此类活动。

在高尔顿看来，运用自由联想的方法能够揭示出人、物体

◎ 高尔顿，英国科学家，是第一批意识到自由联想的方法威力巨大的科学家之一。

和某些事件之间的联系，这些事件对当事人而言即便进行层层"挖掘"也无法意识到。弗洛伊德在《梦的解析》中认为，人们之所以会遗忘这些早年记忆，并不是因为这些记忆被较新的记忆"覆盖"了，而是由于某种人们根本意识不到的主动压抑过程在起作用。引诱理论认为，这些受到压抑的记忆与性暴力有关，根据精神分析学的相关理论，这些记忆就是幼儿时期的性愿望。弗洛伊德在《梦的解析》中阐述了第一拓比理论，该理论的重点在于将精神分为了无意识、前意识和意识三个部分，而压抑就好像是一种审查的过程。在下一章中，我们将看到弗洛伊德如何在第一拓比理论的基础上构建出一个具有成长性的结构化模型——第二拓比理论，该理论包括在不断变化的各种关系中的自我、本我和超我[1]三部分，而自我审查对于维持这三部分之间的平衡至关重要。

[1] 这些结构单位组成了弗洛伊德精神架构的第二拓比理论或"心理地形"。

在弗洛伊德发现压抑的真正作用之后，自由联想的方法重新得到了重视。这一过程并不是随机发生的，比如，高尔顿在街上行走这样的场景下，他并没有使用他的学生或者卡尔·古斯塔夫·荣格（1875—1961）的单词表，在临床表现中，这可以是一个梦境、一个动作倒错（一种口误，比如，嘴巴里讲的是"弗洛伊德"，但实际上指的却不是弗洛伊德）或是某种令人困扰的症状。自由联想的基本规则是患者（接受精神分析的病人）必须愿意将自己内心真实的所思所感叙述出来，即便意识中出现的是使人不愉快或荒唐可笑的事件，甚至是琐碎的或毫不相关的内容，也不得有所隐瞒。

精神分析师必须遵守的九条建议

弗洛伊德在1912年一篇题为《给从事精神分析操作的医生的建议》的文章中，陈述了九条精神分析师必须遵守的建议：

1. 分析师必须重视患者所说的每一句话，对分析师和患者本人而言，患者的任何言语均不能视作微不足道的琐事。

2. 分析师必须记录下与梦境相关的描述和重要的时间节点（比如，症状出现的时间），但不应该在会诊的时候做笔记，因为这会分散分析师聆听患者叙述时的注意力。

3. 分析师的目标是治愈患者，而非进行严谨的科学研究，所以不能抱着研究的目的做笔记。

4. 精神分析基于临床的经验和证据，所以分析师必须小心谨慎。对分析师而言，摆在面前的证据比相关理论更加重要。

5. 就像手术会在当下给患者带来痛苦一样，精神分析师也应当暂时收起自己的同情心。

6. 分析师必须随时聆听、接纳患者的声音。

7. 分析师不可以向患者吐露其个人的感受或想法，分析师对患者而言应该如同镜子一般。

8. 患者对分析师而言并不是一个"研究课题"或一笔投资，分析师的目标就是消除患者的症状。

9.分析师不可以与患者或其家属讨论精神分析的相关理论。

诊察台

　　精神分析会诊的传统方式是让患者躺在一张诊察台上,而分析师则坐在诊察台后方患者看不见的地方。弗洛伊德一开始使用这种方式对患者进行催眠治疗。在发明了精神分析疗法之后,弗洛伊德发现诊察台的使用可以有效减少患者注意力的分散。由于患者无法看见弗洛伊德的面部表情,不能试着解读他的态度,所以只好将注意力集中到自己的思维和感受上来。弗洛伊德每天都要花上多达八小时在对各类患者的日常问诊上,对此他觉得非常疲劳。弗洛伊德认为,诊察台对移情过程很有帮助,是精神分析疗法中的一个关键工具。

◎ 20世纪初弗洛伊德书房的照片,图中的沙发是弗洛伊德用来治疗患者的诊察台。

阻抗

弗洛伊德发现他的患者会对治疗产生阻抗,精神分析疗法便是在这种发现中诞生的。表面看来,阻抗只是简单的患者不愿接受分析师的帮助、不愿接受治疗的过程。实际上，阻抗是压抑的一种形式，这既是一种阻止过量的记忆进入意识的审查过程，也是一种患者基于先前各种情感做出的对抗精神分析师的移情过程。患者拒绝或接受分析师的相关阐释[1]，这并不是因为这些阐释本身合理与否，而是患者凭此可以重温过去的感情世界。于是弗洛伊德更加深刻地意识到，移情并非治疗时遇到的障碍，而是可以视作一种治疗的工具。

弗洛伊德认为，除了移情以外，还有一种"因病而获"的阻抗，该阻抗包含了一种未受到压抑记忆影响的宽慰感。此外，这种阻抗也能让患者在生病时得到他人的同情和关怀。正如我们将在下一章中讲到的第二拓比理论所呈现的那样，弗洛伊德认为这些形式的阻抗与自我有关。除此之外，弗洛伊德认为还有一种与本我相关的重复需求：即便患者已经发现病症的根源来自其自身的无意识领域，并且患者

---

[1] 将行为、语言、梦境与幻想等表象或者其"显现"含义置于自由联想过程中，以此发现隐藏或"潜伏"在它们背后的意义。

在理性层面接受了这个事实，可患者仍然无法摆脱病症的困扰。弗洛伊德将此类阻抗与修通相结合，认为这种类似移情的手段有助于患者的治疗，患者的症状反复出现，医生对此进行反复解释，阻抗便会逐渐弱化并最终得到移除。弗洛伊德认为第五种类型的阻抗是由于内疚感和惩罚的需要所产生的，这种阻抗最终源于超我。

移情

弗洛伊德从朵拉的病例中得出结论：朵拉并没有将弗洛伊德视作一位帮自己治疗的独立客观的医生，而是父亲和K先生的替代者。弗洛伊德曾一度对这一结论非常沮丧，认为朵拉将之前的情感投射到临床的治疗关系上，这对精神分析而言是一种阻碍。但随后弗洛伊德便意识到这种移情会出现在每一次的精神分析之中。在他要求患者对某一个梦境或者症状展开自由联想时，患者常常会停下来，而不是按照基本的规则报告他们大脑里此时正在"激烈争斗"的各种想法。当弗洛伊德问他们为什么停下来时，他们可能会声称自己对弗洛伊德产生了令人难以接受的想法：他们可能想与他发生性关系，也可能想对他施加暴力。当然，精神分析的最终目的是化解患者内心的矛盾与冲突，这些矛盾冲突是由患者幼儿时期的性愿望受到压抑而导致的。弗洛伊德想将自己的身份转变为患者的一面镜子，而让分析师本人从分析过程中消失——但他的患者却不愿这样。

弗洛伊德在分析过程中逐渐意识到，患者对于分析师的所感所想实际上是其对于父母、兄弟姐妹等童年时期重要人物的感受，但患者自己并不能意识到这点，这些感受会在与分析师的交流沟通中再生重现。比如，一个男孩子无法化解对自己父亲的俄狄浦斯情结，这种仇恨可能会在其成年后的精神分析过程中再现，并转移到分析师身上。弗洛伊德认为可以将这类移情作为分析治疗过程中的分析材料，并且在治疗时需要重点关注分析师与患者的关系。弗洛伊德的这些观点成了他自发表《梦的解析》以来方法层面上最重要的突破。患者与分析师的关系就发生在治疗的当下，所以即便患者展现的是很久以前与早已亡故的父亲或母亲的关系，但当下的情绪与感觉都是真实、直接和强烈的，这就是弗洛伊德在治疗时关注这些移情的原因所在。弗洛伊德原本只想通过移情来治疗幼儿神经症，却在不经意间开启了一扇通往无意识领域的大门。

弗洛伊德在工作之余不断探究移情现象，并开始意识

◎ 弗洛伊德发现个体经常将自己的态度投射到与自己讨论的人身上。他将这种现象称为"移情"。

到移情本身就是一种神经症,所以他也将移情称作移情性神经症。这是一种幼儿神经症在成年后的再现现象,从这个意义上而言,成功治疗移情性神经症(消除了患者与分析师之间的移情关系)就意味着幼儿神经症也得到了治愈。

反移情

弗洛伊德不再担心移情会在分析时成为阻碍,他开始对移情现象进行探究。他在指导建议中警告分析师,切勿用情绪化或不公正的方式对待患者。他建议在分析治疗时,分析师与患者彼此不要看见对方,分析师也不应该对患者抱有治疗以外的目的,这样,分析师在对患者的临床治疗中才能保持客观的态度。分析师在发现移情现象之后,其与患者之间需要保持距离的要求才重新得到重视,这是因为:一方面,分析师就好像一面镜子,反映出患者无意识矛盾的结构和内容；另一方面，患者从镜子（分析师）中看到自己对于真相的扭曲，而这些扭曲是由患者早期的情感造成的，分析师能够根据这些扭曲对患者进行治疗。所以患者对于分析师的信息了解得越少，越容易将这些情感投射到分析师身上。

当然，在上述情形中，将分析师和患者的角色互换后结论也同样成立。由此弗洛伊德便意识到了有可能存在反

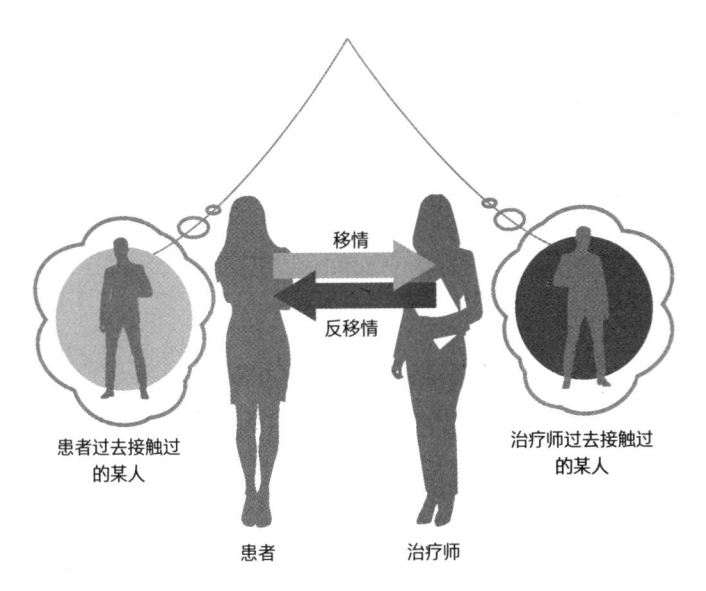

◎ 分析师会将自己接触过的某人投射到患者身上，弗洛伊德由此意识到可能存在反移情。

移情现象：分析师将自身无法化解的无意识矛盾带入分析治疗之中，并且根据自己的情感经历来治疗患者。为此，弗洛伊德对分析师提出警告，必须时刻防备反移情，一旦出现便要尽快解决。他建议一旦反移情成为治疗过程中的一个麻烦，分析师应当尽快进行自我分析或是回到分析本身。

如何判断精神分析疗法是否有效？

在精神分析过程中，患者会将自己的梦境、失言和病症告诉分析师。分析师对此进行阐释，患者也可能不认可分析师的观点，但如果患者最终认可分析师做出的阐释，那他的病症就会减轻，也就能继续进行下一步的治疗。在"狼人"案例中，潘克耶夫那看似无法被治愈的精神病症最终被治愈。弗洛伊德为此曾花费了四年半的时间跟踪调查潘克耶夫层出不穷的各种病症，最终寻找到这些病症的源头——幼儿神经症。弗洛伊德漫长的治疗最终取得了成功，这一切的关键在于他运用自由联想技术，对隐藏在患者提供的各种信息背后的无意识内容进行了正确的阐释和解读。

阅读这些病例研究档案能使我们更好地了解精神分析，但也增加了衡量弗洛伊德这种方法是否成功的难度，因为读者很难评估弗洛伊德这些看起来令人难以置信的阐释内容。对弗洛伊德而言，阐释的真实性建立在诊察台上会诊的临床实践之中。弗洛伊德对某些批评的声音十分敏感。这些批评认为，无论患者认可还是拒绝接受弗洛伊德的阐释内容，都只会走向同一个结局——"我赢，你输"。即如果患者接受了分析师提出的阐释，那就证明了这种阐释是正确的；如果患者不接受，那就说明出现了阻抗的迹象。弗洛伊德认为这样的观点失之偏颇——这对精神分析疗法来说是不公平的，同时这也是一种误解。这并不是说精神分析师总是正确的，他们在进行精神分析时提供的阐释也可能存在错误，甚至会走进一条死胡同。但即便是这样，这些阐释也并不会对患者造成什么影响，分析师只是不再使用这些阐释，仅此而已。因为患者并不会由于分析师的种种心理暗示而向他敞开心扉，患者只会根据他们自己的生活经验以及自身的真实感受来行事。弗洛伊德在《精神分析引论》一书中表示："毕竟，只有当患者预期的观念符合其真实感受时，他内心的冲突才能得到成功化解，他的阻抗才能得到克服。而那些医生的揣测才会在分析的过程中逐渐消灭，并被更为准确的东西取代。"

在本书的第九章中，我们将会介绍，弗洛伊德将精神分析中阐释的正确性与能否治愈联系起来，这引来了一些批评者的非议。他们认为弗洛伊德宣称鼠人或狼人等患者得到治愈的言论要么是错误的，要么是根本没治好却夸大其词。而且如果按照弗洛伊德自己的标准，假如精神分析疗法没能将症状消除，那么精神分析学这座大厦也将随之倾覆。

弗洛伊德第一次提出精神分析学时，他将其描述为一种技术手段，通过这种技术我们可以认识到动态化的无意识以及各种类型的阻抗，尤其是分析师必须面对的压抑和移情现象。分析师借助自由联想技术阐释患者的阻抗，还原患者被压抑的心理矛盾，患者也因此能够意识到自己充

INTRODUCTORY LECTURES ON PSYCHO-ANALYSIS

A COURSE OF TWENTY-EIGHT
LECTURES DELIVERED AT
THE UNIVERSITY OF VIENNA

BY
PROF. SIGM. FREUD, M.D., LL.D.
VIENNA

AUTHORIZED ENGLISH TRANSLATION
BY
JOAN RIVIERE

WITH A PREFACE
BY
ERNEST JONES, M.D.
President of the International Psycho-Analytical Association

LONDON: GEORGE ALLEN & UNWIN LTD.
RUSKIN HOUSE, 40 MUSEUM STREET, W.C.1

◎ 英文版《精神分析引论》的封面。全书包含了28份弗洛伊德在1915—1917年间授课的讲稿内容。

满矛盾的儿时愿望才是导致各种病症的罪魁祸首，从而最终达到治愈患者的效果。在精神分析学刚起步的时期，只要是承认阻抗、压抑和移情现象的医生，弗洛伊德都很乐意将他们称作精神分析师。在本书的第七章、第八章中，我们将看到，弗洛伊德为了揭示无意识思想在本质上是一种理论体系，特意改变了精神分析学的定义范围，不再将其界定为一种治疗形式和方法。这一理论与幼儿期的性欲紧密相关，并将俄狄浦斯情结视作精神分析学理论的核心。

TIPS

◆ 弗洛伊德认为精神分为无意识、前意识和意识三个部分，压抑行为如同一种审查过程。

◆ 弗洛伊德的自由联想方法要求患者毫无保留，即便意识中出现了令人不悦、琐碎甚至是明显毫不相关的内容，也不得对分析师有所隐瞒。

◆ 分析师必须时刻注意患者所说的每一句话，他们在分析处理患者自由联想的内容时必须遵守相同的基本规则。

◆ 患者可能会出现一种不想被治愈的状态，他们的阻抗则会以压抑、移情或是反移情的形式表现出来。

⑦ 精神分析学的关键概念

1900年,《梦的解析》出版,弗洛伊德在书中引入了一些精神分析学中的关键概念,在接下来三十年左右的时间里,弗洛伊德不断发展完善这些概念。本章中我们将会仔细考察这些被弗洛伊德视为精神分析学基石的概念,这些概念在1923年出版的百科全书中被认定为"精神分析学的主要内容,同时也是该理论的基础。所有研究精神分析的人都应该全盘接受这些概念,否则就不应当被视作精神分析学家"。这些基础概念(弗洛伊德视为基石)主要包括:无意识过程、阻抗和压抑理论,性欲的重要性以及俄狄浦斯情结。

无意识过程、阻抗和压抑

弗洛伊德在《梦的解析》中提出第一拓比理论,该理论将精神领域分为无意识(Ucs)、前意识(Pcs)和意识(Cs)。无意识中那些令人不安的过量隐藏内容通过压抑的方式保护意识心灵。当人们患病的时候，这些维持压抑的机制被瓦解，受到压抑的记忆以患者寻求缓解的病症的形式重新出现。在精神分析过程中，分析师所面临的问

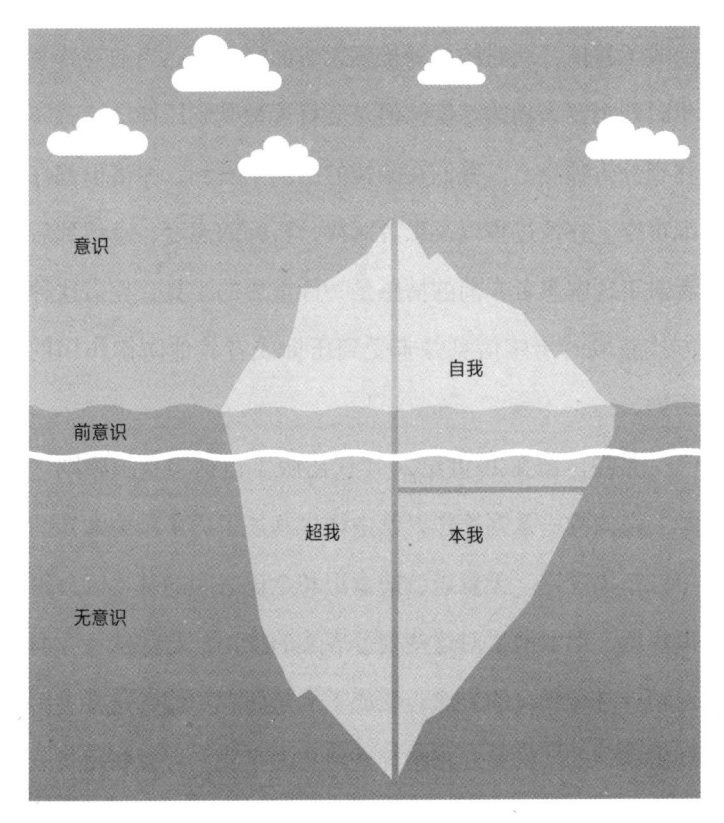

◎ 人的心灵可以看作一座冰山，露出水面的部分代表意识，紧挨水面以下的部分是前意识，而心灵的绝大部分则隐藏在水面之下，称为无意识。

题也是患者（接受精神分析的患者）正在寻求的帮助，而患者的精神装置却在努力压抑这种可以用来消除病症的认知。在治疗过程中，一个精神分析师无法回避的事实就是患者会产生阻抗，阻抗一开始以压抑的形式出现，而后又变成了移情，此时的患者虽然无法回忆起自己当初对待童年时期重要人物的态度，但是会将这种受到压抑的情感转移到分析师身上。我们在朵拉的案例中看到，弗洛伊德仔细审查了移情过程以及患者对待分析师的态度，意识到后者对于理解患者先前的情感是一件重要的工具，凭借这种方式获取的情感信息并未受到压抑或者其他防御作用的污染。

弗洛伊德在20世纪20年代出版了包括《享乐原则之外》在内的一系列著作，其中详尽阐述了后来广为人知的第二拓比理论。无意识、前意识和意识之间的基本区分得以保留，但取消了对这些划分表述的使用，之前从各方面对精神进行划分的方法，变成了从作用和功能的角度重新理解精神的架构，并将精神重新分为本我、自我和超我三部分。弗洛伊德用一种发展的观点看待这个新模型：上述几个部分从儿童时期开始逐渐形成，正如我们接下来所看到的，俄狄浦斯情结在其中处于核心地位。我们先将目光转向弗洛伊德提出的力比多[1]概念，这个概念认为性欲是人类生活的中心。

1871年，查尔斯·达尔文（1809—1882）出版了著作《人类的由来与性选择》。达尔文在书中将其进化理论运用在人类身上，彻底改变了科学家对于人类起源的看法。性与繁衍成了那时候科学家们讨论的主要话题，他们也尝试将这些内容理论化。弗洛伊德精通达尔文的理论，作为自然科学家的他认为自己对于人类精神的任何论断都必须与达尔文的进化论相一致。对弗洛伊德来说，性欲的重要性同样体现在临床工作上，他在经历了与沙可共事的巴黎之行后，开始痴迷于歇斯底里症这种被认为与女性生殖系统有关的疾病。

[1] 一种在性心理发展过程中产生的性能量。

我的爱好是 **研究疯子**

◎ 上图为达尔文画像。弗洛伊德对于达尔文的进化论十分了解，他尝试将达尔文的想法应用于人类精神领域。

力比多

弗洛伊德曾经认为，儿童时期所遭受的性侵犯是诱发患者成年后歇斯底里症的成因，之后却又否定了自己的理论，转而认为歇斯底里症是由无法压抑的幼儿时期性愿望所致的。这种观点认为人在儿童时期就存在性本能，只是等到青春期才开始觉醒。弗洛伊德一生的研究都贯穿了这种幼儿性欲理论，但是直到1905年他创作出版《性学三论》，这些观点才逐渐广为人知。随着弗洛伊德观点的不断变化与发展，这些文章被不断地编辑、修改，历经了数个版本。弗洛伊德对于性欲理解的关键在于力比多的概念。这个术语是弗洛伊德借鉴自德国精神病学家阿尔伯特·摩尔（1862—1939）的。摩尔将力比多用于特指那些与繁殖本能有关的性能量，而弗洛伊德最初仅是将力比多与自卫本能相对照，认为力比多是一种自我本能。

这两种本能和与之关联的能量互相角力，反映在生物学上则是繁衍的冲动与生存欲望相互对抗。在《性学三论》中，弗洛伊德讲述了性变态、幼儿性欲的概念，并认为身体是性冲动的载体，而个体性冲动的注意力从手淫最终转向了他人和成人的性行为。

时至今日，弗洛伊德对于性变态的论点仍然备受争议，他认为性行为本身在法律和道德层面令人感到厌恶，这不是由于大脑退化导致的，而是处于性常态与性变态之间的一种状态。弗洛伊德认为性变态（如恋童癖或兽奸癖等将儿童或者动物视作自己欲望对象的行为）在患者的儿童时期便已经出现，并且存在治愈的可能。他认为在正常的性行为中，受虐狂和施虐狂的存在是很自然的现象，存在于所有人之中。而当个体仅关注施虐或受虐的性行为时，此类行为才会被归入性变态的范畴。

在《性学三论》的第二论——幼儿性欲中，弗洛伊德认为性欲始于儿童早期，性欲望的定义范围比成人间的交媾行为要宽泛得多。在他看来，性欲包括了所有的性行为以及能够从满足基本生理需求以外获得愉悦的行为。因此性本能与自卫本能间可能存在矛盾与冲突——我们也可能会不顾自身的安危去追求性刺激。

为了能够更好地理解性心理的发育过程，弗洛伊德认为首先必须意识到整个人体都可以引起性兴奋，所以并不应该将性兴奋局限在性器官上。他还认为尽管整个身体都可能引起性兴奋，但有些部位也许是出于进化的需要而变得特殊，这些部位在不同的生理和心理发展阶段成为性兴奋的焦点。弗洛伊德将这些身体不同区域的性兴奋焦点称为性感带或者性欲带。

性心理的发展

刚出生的婴儿与世界的接触非常有限，由于他们的视力很弱，身体的协调能力很差，所以婴儿与母亲互动的主要方式是利用自己的嘴巴吮吸母亲的乳头。婴儿不仅利用这种方式获得维持生命所需的营养，同时，吮吸行为本身也是其性兴奋的来源。有时我们可以观察到尽管婴儿已经无法从乳房中吸取到乳汁，但还是会继续吮吸乳头。与此类似的还有婴儿会吮吸自己的拇指。婴儿通过吮吸自己的拇指来获得性快感，并且在这个阶段，婴儿是脱离了自卫的自我本能的。弗洛伊德将这个以口腔作为主要性感带的时期称作"口欲期"。

随着性心理的持续发展，弗洛伊德又继续描述了性感带的位置是如何发生转移的。他在其最后几部有关性心理发展[1]的著作中认为性心理一共分为以下五个阶段：

口欲期（出生至十八个月）

口欲期的性感带和性快感来源主要包括口腔、嘴唇和舌头，这个时期囊括了从出生开始到约两岁为止。两岁之后，主要的性感带就变成了肛管和肛括约肌。弗洛伊德认为这是正常的性心理发展过程。但婴儿有时候会因为在断奶过程中遭受某些创伤或发生某些特殊情况，导致口腔一直作为其主要的性快感区，弗洛伊德称之为"固着[2]"。他认

---

[1] 在弗洛伊德看来这是一种人类性欲的发展过程。据此，经过一系列阶段（口欲期、肛欲期、性器期、潜伏期、青春期）最终发展成成人性欲，其间特定的性感带是主要的性兴奋部位。

[2] 持续聚焦或者倒退到性心理发展的一个较早阶段。

为在成年后的某些特定模式下可以观察到这种性心理发展的中断现象，比如，某些固着在口欲期的人喜欢在焦虑不安的时候吮吸钢笔或铅笔。

肛欲期（十八个月至三岁）

十八个月大的婴儿能更多地掌控自己的身体，并开始学习说话。一般而言，在这个时期的婴儿往往会通过"上厕所训练"来学习如何控制排便。婴儿可以通过有意识地憋住大便来获得快感。比较关键的一点是，在保姆训练婴儿上厕所时，有些婴儿会通过拒用便盆的方式来获得快感。婴儿在这个阶段能够学习同意或拒绝他人的要求，建立基本的社会关系。这个阶段的固着现象表现为特别在意干净整洁或者肮脏凌乱的强迫行为，前者的固着与"坚持"相关，后者则与"摒弃"联系在一起。

性器期（三岁至六岁）与俄狄浦斯情结

弗洛伊德在进行自我分析时参考索福克勒斯的剧作《俄狄浦斯王》，借此阐述他对母亲的爱情以及对父亲的敌意和忌妒之情。他旋即意识到这种情感并不是自己特有的，而是人类发展的普遍特征。在之后的三十年里，弗洛伊德不断审视和修改自己对于俄狄浦斯情结重要性的阐述，并在1910年出版了《男性对象选择的一种特殊类型》。书中，弗洛伊德创造了一个新的术语——俄狄浦斯情结。"情结"一词则借用自卡尔·荣格，特指一群重要概念的组合，主要由无意识构成。为了能够更好地理解俄狄浦斯情结的发展过程，我们有必要在下一节回顾一下索福克勒斯对于俄狄浦斯与其父母之间的关系的描述。

潜伏期（六岁至青春期）

性器期发展的主要特征是通过超我的发展消除俄狄浦斯情结。这一时期常常伴随着强烈的自我压抑，由此也导致儿童进入一个新的时期——潜伏期，在此期间性欲会潜藏起来，儿童会暂时忘却之前刚经历的强烈的性兴奋感。性欲需求在这个时期会被儿童认为是一件令人感到厌恶和羞耻的事情，儿童的精力也转而投向了友谊和校园生活。

青春期/生殖期

进入性欲发展的最后一个时期后，之前潜藏于潜伏期的性兴奋卷土重来。过去十余年时间里陆续激活的性感带与生殖器官融为一个整体，成了性快感以及性兴奋对象的主要来源，性兴奋对象也转移到了家庭成员以外的异性身上。

俄狄浦斯的故事

这是一个古希腊的悲剧故事，底比斯城国王拉伊俄斯和皇后约卡斯塔育有一个儿子。拉伊俄斯请示神谕，想了解自己儿子的未来，神谕却表示他的儿子长大后会杀死拉伊俄斯并迎娶约卡斯塔，也就是说，这个孩子长大以后会弑父娶母。于是，拉伊俄斯指示仆人刺穿婴儿的双脚，并命令约卡斯塔杀死这个婴儿。约卡斯塔不忍亲自下手，便让仆人帮自己杀死婴儿。仆人将婴儿丢弃在山坡上等死，可婴儿被一个牧人发现了，牧人辗转将孩子交给了科林斯国王珀罗普斯。珀罗普斯膝下无子，便决定将这个婴儿养育成人，珀罗普斯看婴儿的脚被刺穿了，便为其取名俄狄

我的爱好是 研究 疯子

◎ 伏尔泰的剧本《俄狄浦斯》中一幅俄狄浦斯和约卡斯塔的插图。该剧以索福克勒斯的同名悲剧为蓝本撰写。

浦斯，意为"肿胀的脚"。

俄狄浦斯逐渐长大成人，也听到了一些称自己不是珀罗普斯的亲生儿子的传言。在一次请示神谕时，俄狄浦斯得知自己将来注定会杀父娶母。为此，俄狄浦斯非常惶恐，但他仍然相信珀罗普斯就是自己的亲生父亲，于是他离开科林斯前往底比斯城。旅途中，俄狄浦斯与一名旅人发生冲突，在打斗的过程中，俄狄浦斯杀死了这名旅人，而这个人正是其生父拉伊俄斯，于是，预言的第一部分内容成为现实。

俄狄浦斯在底比斯城附近遇见了当时正统治着该城的斯芬克斯。她会给每个路过的人出一道谜语，如果对方解答不出，便会将对方撕碎吞食。其谜面是：什么东西早晨有四条腿，中午有两条腿走路，晚上有三条腿？俄狄浦斯给出的答案是：人。理由是，人在婴儿时用四肢爬行，成年后用双脚走路，老了靠拐杖行走。斯芬克斯听完俄狄浦斯的答案就自杀了。底比斯城的人民之前一直遭受着斯芬克斯的残酷统治，所以俄狄浦斯一进入底比斯城便受到了英雄般的欢迎，他顺理成章地接替死去的国王成了底比斯城的新国王，并按照习俗迎娶了老国王的皇后约卡斯塔。

接着，底比斯遭受了一场大饥荒，经济萧条，城市衰败。有人告诉俄狄浦斯，这是由于杀死拉伊俄斯的凶手至今仍逍遥法外导致的。于是俄狄浦斯不断地查找凶手，最终发现原来自己就是杀死拉伊俄斯的人，同时他还得知，原来拉伊俄斯是自己的亲生父亲，自己终究还是应验了杀父娶母的不幸命运。约卡斯塔皇后得知消息后上吊自杀，俄狄浦斯也绝望至极，拿起约卡斯塔衣服上的胸针刺瞎了自己的双眼。

在弗洛伊德的第二拓比理论中，俄狄浦斯的故事以及俄狄浦斯情结起到了举足轻重的作用，推动了成人性行为的发展和超我概念的形成。从三四岁开始，儿童从他们的生殖器上获得越来越多的快感，也发现可以通过手淫来获得快感，同时又意识到男性和女性在生理构造方面是有区别的。在这个阶段，与俄狄浦斯有关的种种思维处于极盛的状态。此时的儿童会意识到父亲是争夺母亲情感的对手，嫉妒之情会让其坐立不安并感到愤怒不已，想要杀死父亲以独占母亲。孩子新近发现的男女之间的生理区别更是加剧了这种矛盾冲突，男孩害怕会被阉割（割除自己的阴茎和睾丸），会认为女孩的生理构造正是被阉割后的结

◎ 弗洛伊德手稿中有关俄狄浦斯情结的注释片段。

果。弗洛伊德将这种恐惧感称作"阉割焦虑"。

此时的男孩身材弱小，缺乏力量，不可能战胜自己的父亲后占有母亲，所以男孩为了应对内心的这种矛盾，将自己对于母亲的占有欲和想要杀死父亲的冲动藏在心底。为此，男孩为自己的精神装置增添了一种来自内心的声音，这种声音就像一名法官或者审查员一般告诉精神装置接下来该如何行事。弗洛伊德认为这种内化的力量就是超我，源于俄狄浦斯情结。

弗洛伊德认为俄狄浦斯情结及其最终的消除形式——超我，一般情况下始于男孩。在1925年出版的《两性解剖学差异所造成的某些心理影响》一书中，弗洛伊德就女孩如何消除自己的俄狄浦斯情结提出了他的理论观点。男孩发现男女之间生理构造上的区别时就会经历严重的阉割焦虑，用弗洛伊德的话来说，这会导致俄狄浦斯情结变得"字面意义上的支离破碎"。另一方面，女性不得不接受自己已经"被阉割"的处境，心生自卑感，忌妒男性拥有比自己更加优秀的外生殖器——阴茎。这样的结果便是女孩永远无法圆满地解除自己的俄狄浦斯情结，也无法发展出一个完整的超我。女性主义批评家对精神分析理论的这部分内容提出了尖锐的批评，认为这种观点带有明显的性别歧视以及男权制的烙印。

第二拓比理论：本我、自我和超我

弗洛伊德认为性心理的发展经历了一个从婴儿到性成熟的复杂过程，最终发展出了成年的性欲。在这个过程中，力比多相继从口腔、肛门和生殖器等性感带获得满足。弗洛伊德将性目标和性对象的转变与自卫的自我本能之间无法调和的矛盾联系起来，创造了一套话语体系，用以描述本我、自我和超我从个体出生到成年的发展过程。这些术语取代了弗洛伊德在《梦的解析》中提出的第一拓比理论。

无意识在第二拓比理论中占据了主要地位，同时儿童仅仅受到了愉悦感的支配。新生儿可以通过吮吸来获得满足，不吮吸时则表现出不满。对自我的发展而言，在肛欲期和性器期期间解决自身与俄狄浦斯情结之间的冲突至关

我的爱好是 研究疯子

重要。自卫本能赋予自我以强大的力量，但同时自我也受制于某些现实原则，当自卫本能与自我遵循不同的规则时，两者便会出现无法避免的冲突与矛盾。性器期期间，儿童与父母或保姆之间的关系变得极为重要，而此时超我便会以占母嫉父等俄狄浦斯情结的形式出现。

弗洛伊德在1923年出版的《自我与本我》中提出第二拓比理论，该理论与第一拓比理论的主要区别在于压抑与阻抗的来源不同，并且本我、自我和超我也并非与无意识、意识和前意识直接对应，无意识也同样存在于自我和超我中。

◎ 弗洛伊德手拿雪茄，摄于1921年。

TIPS

◆ 弗洛伊德在区分压抑、阻抗和移情之后意识到,应该从本我、自我和超我三方面理解精神的结构。

◆ 弗洛伊德在《性学三论》中讲述了性变态和幼儿性欲,并认为身体是性冲动的载体,而个体性冲动的注意力从手淫最终转向了他人和成人的性行为。

◆ 弗洛伊德认为理解性心理发展的第一步是认识到整个人体都可以引发性兴奋。他使用术语"力比多"特指那些与繁殖本能有关的性能量。

◆ 弗洛伊德通过一些文章定义了性心理发展的五个阶段以及俄狄浦斯情结。俄狄浦斯情结指的是儿童爱恋自己的母亲并且对父亲抱有忌妒和敌意。

8 精神分析运动的早期发展

在1900年《梦的解析》出版之前，弗洛伊德一直与好友布洛伊尔和弗利斯讨论交流自己的各种想法。他以神经科医生的身份开设私人诊所，并一直以此谋生。面对众多前来治病的患者，弗洛伊德应付自如。19世纪后期，弗洛伊德在创立精神分析学之初便吸引了一批跟随者，其中包括他先前的患者艾克斯坦以及德国-美国医学博士菲利克斯·加特尔（1870—1904），弗洛伊德在治疗失语症方面的工作给加特尔留下了深刻的印象。从1897年开始，加特尔跟随弗洛伊德学习了半年时间，并与弗洛伊德的家人一起居住。之后，艾克斯坦、加特尔与弗洛伊德又一起共事了几年，但到世纪交替时便和弗洛伊德分道扬镳了。当时弗洛伊德和他的新科学理论——精神分析学在维也纳的医学圈里并不受重视，在学术界也没能产生太大的影响。

周三心理学会

1902年,弗洛伊德开始邀请他当时的一些同事到家里与自己讨论各种心理学问题。由于讨论的时间通常定在每周三晚上进行,所以大家便把这个讨论会称为周三心理学会。该学会首批的四名成员包括:阿尔弗雷德·阿德勒(1870—1937),马克思·卡安(1866—1923),鲁道夫·赖特勒(1865—1917),以及威廉·斯泰克尔(1868—1940)。这几名成员均受过医学训练,也都是犹太人,他们共同分享和探讨《梦的解析》中他们感兴趣的话题。之后,有越来越多的医学从业者、其他学者和艺术家加入这个社团,其中,奥图·兰克(1884—1939)于1905年加入。兰克并未受过专业的医学训练,但他给弗洛伊德留下了很好的印象,之后他也成了弗洛伊德最亲密的助手之一。1906年起,兰克负责学会的会议记录工作。周三心理学会的另一名成员格拉夫是小赫伯特的父亲,赫伯特便是恐惧症案例的研究对象——"小汉斯"。

我的爱好是 **研究疯子**

◎ 阿德勒（图左）与莱昂哈德·赛义夫。阿德勒是周三心理学会的创始成员之一。

新成员的加入

1906年以前，周三心理学会的成员范围还仅限于维也纳当地。弗洛伊德的精神分析学著作引起了尤金·布鲁勒（1857—1939）和荣格的注意，此时学会成员的单一身份才开始发生改变。布鲁勒是瑞士苏黎世大学的一名精神病学教授，是当时位于苏黎世市内、享誉国际的伯格霍茨里医院的主任，荣格担任他的助理主任。布鲁勒是一位举世闻名的精神病学家，他在1908年创造了精神分裂症一词，取代埃米尔·克雷佩林早前使用的术语——早发性痴呆。精神分裂症对下述症状的疾病进行了分类：幻觉、妄想症以及厌世离群情绪（见施雷柏案例）。对弗洛伊德而言，与布鲁勒合作能够提高自己的个人能力和业务水平，同时他也非常高兴自己的工作得到了如此杰出的人士的认可。从专业层面而言，布鲁勒是第一个公开承认精神分析学对精神病学和心理学发展具有重要创新性贡献的大学教授。最重要的一点是，布鲁勒开始定期将自己的员工送往

我的爱好是 研究疯子

维也纳跟随弗洛伊德学习，这也成了培养精神分析师的一个重要途径。

这期间弗洛伊德与荣格的关系迅速升温，荣格打算在苏黎世创立弗洛伊德协会，后改名为苏黎世精神分析协会。弗洛伊德将荣格视作自己的衣钵继承人，希望荣格能在自己死后继续领导精神分析运动，将其发展壮大。值得一提的是，荣格是一个非犹太人，他的加入消除了精神分析是一门犹太人科学的反犹指控。

◎ 布鲁勒时任苏黎世伯格霍茨里医院（一家精神病医院，成立于1870年）主任。

借助瑞士精神分析学家的影响，弗洛伊德的无意识理论开始在国际上引起关注，世界各地的学者也纷纷加入精神分析的大家庭。布鲁勒派遣德国人卡尔·亚伯拉罕

◎ 荣格是布鲁勒在伯格霍茨里医院的助理主任。他最终放弃了弗洛伊德的精神分析方法,形成了具有同等影响力的个人精神分析方法。

（1877—1925）和德国－俄国人马克斯·艾丁根（1881—1943）来学习；桑多尔·费伦齐（1873—1933）在1909年也从匈牙利前往维也纳学习。

◎ 苏黎世伯格霍茨里医院的版画。

维也纳精神分析学会

1908年以前，新一代的精神病学专家对精神分析学不断产生浓厚的兴趣。当时的周三心理学会规模太小，无法接纳更多的参与者，于是在1908年，周三心理学会正式更名为维也纳精神分析学会，同年在萨尔茨堡举行了弗洛伊德心理学第一次大会。弗洛伊德在此次大会上介绍了"鼠人"案例。会议期间，威尔士神经病学家、精神分析学家厄内斯特·琼斯经荣格介绍认识了弗洛伊德，之后他也成了弗洛伊德官方传记的作者。此次大会最重要的成果可能是发行了专门的精神分析杂志《精神病理学与精神分析学研究年鉴》，该杂志由弗洛伊德和布鲁勒发起创办，荣格担任主编。至此，精神分析学家的文章便无须再投稿给那些冷漠的精神病学家或心理学家主编的期刊，也不需要在每一篇提交发表的文章中从头到尾地解释各个精神分析术语。

DISCUSSIONS OF THE VIENNA
PSYCHOANALYTIC SOCIETY—1910

ON SUICIDE
With Particular Reference to
Suicide among Young Students

With contributions by
ALFRED ADLER, SIGMUND FREUD,
JOSEF K. FRIEDJUNG, KARL MOLITOR,
DAVID ERNST OPPENHEIM,
RUDOLF REITLER, J. [ISIDOR] SADGER,
WILHELM STEKEL

Edited by
PAUL FRIEDMAN, M.D., Ph.D.

INTERNATIONAL UNIVERSITIES PRESS, INC.
New York, 1967

◎ 维也纳精神分析学会于1910年出版的《关于自杀》手册。

美国之行

1909年，身为马萨诸塞州克拉克学院校长的G.斯坦利·霍尔（1844—1924）正在寻找各种方式庆祝学院成立20周年。霍尔早在1892年成为美国心理学会的首任主席，他对儿童发展有着浓厚的兴趣，便想邀请一些个性鲜明的学者来学院访问。弗洛伊德也受到了霍尔的邀请，虽然有些不情愿，但他还是与荣格和费伦齐一起来到了美国。弗洛伊德9月份抵达克拉克学院，在一个星期的时间里，他用德语（当时是心理学领域的国际通用语言）做了五场报告。这些报告的讲稿随后被翻译成英文，并于1910年发表在《美国心理学期刊》上。

弗洛伊德的美国之行虽然时间不长，但影响深远。出生于奥地利的亚伯拉罕·阿登·布里尔（1874—1948）在克拉克学院与弗洛伊德进行了交流，随后，他将弗洛伊德的著作翻译成英文。紧接着，布里尔在1911年成立了纽约精神分析学会。差不多在同一时间，国际精神分析协会成立，荣格担任首任主席，总部位于苏黎世，精神分析的中心也从维也纳逐渐转移至瑞士。

◎ 弗洛伊德和其他精神分析学家，包括弗朗兹·博厄斯和布里尔（摄于美国马萨诸塞州克拉克学院，1909）。

团队分裂

故事发展到这里还是一帆风顺的。20世纪的头十年里，精神分析不断吸引着越来越多的医生和学者加入，弗洛伊德的著作也在德语和英语世界收获了越来越多的读者。但是弗洛伊德的圈子开始出现裂痕，其中的一些关键人物在很短的时间里相继离开——他们都是曾经帮助弗洛伊德一起推动精神分析发展的人。

阿德勒在1911年首先退出。阿德勒是一名具有独立精神的思想者，他认为人类的发展更多的是受到各种社会关系的驱动，而不是如弗洛伊德宣称的那样主要来自孩子与父母之间的俄狄浦斯关系。阿德勒认为，在解释人类机能行为时必须将社会阶级的因素考虑在内。阿德勒在与弗洛伊德分道扬镳后创立了自己的学派，名为"个体心理学"，并使用自卑感的概念代替力比多来解释人类发展的驱动力。接下来离开的是斯泰克尔。1912年，斯泰克尔与弗洛伊德的关系恶化，后者拒绝就自己所持的观点展开讨论，弗洛伊德坚持认为儿童时期以后的手淫行为是有害的，会使人虚弱并导致神经症。但斯泰克尔辩称手淫本身并无害处，而社会强加给这种行为的羞耻感与内疚感才是问题的关键。

弗洛伊德与布鲁勒的交往对于推动精神分析成为一门新的科学具有重大意义。越来越多学员的加入、各个学会的成立以及各种期刊的发行，都为精神分析学家们提供了彼此交流和发表工作成果的平台。在所有这些工作中，布鲁勒主要从事理论心理学相关的工作。但是布鲁勒觉得越来越沮丧，因为他不确定如何将精神分析发展为一门科学理论并建立相应的学术组织。布鲁勒承认精神分析确实可以为精神病学和心理学的发展做出重要贡献，但是他认为精神分析只是实现目标的一种工具和手段。弗洛伊德却恰恰相反，他将精神分析视作一种能与精神病学和心理学竞争的理论，并要求所有人接纳自己的这种观点，而且不接受任何反驳。布鲁勒对于这种非黑即白的观点感觉厌烦，并担心长此以往，精神分析会变得如宗教一般，而非一门真正的科学。

1911年，布鲁勒离开了国际精神分析协会。1913年，

◎ 1911年国际精神分析协会集体照。

布鲁勒辞去了《精神分析年鉴》(与弗洛伊德共同创办)编辑一职,由此也切断了与弗洛伊德最后的联系。随着布鲁勒的离开,精神分析与精神病学和理论心理学之间的联系也彻底中断,精神分析的发展也与苏黎世的医院和大学再无瓜葛。

弗洛伊德与布鲁勒的绝交对精神分析在组织机构方面的发展影响巨大，而他与荣格之间的一拍两散则更多的是对他的个人和情感产生了很大的影响。荣格之前迅速融入了弗洛伊德最亲密的圈子，弗洛伊德也曾打算让荣格担任国际精神分析协会的常任主席。但荣格在第一次接触弗洛伊德之前就已经是一位著作等身的成功的科学家，同时他也是一位具有独立思考能力的学者，并不愿意轻易接受仅仅基于一些先例的观点。根据荣格的说法，他与弗洛伊德之间的分歧主要集中在，弗洛伊德坚持认为对于梦的解释主要依赖以下原则：分析梦境呈现出来的内容是为了揭示无意识中的幼儿性愿望；梦境是对各种无法接受的无意识力量的妥协，而自我出于保护个体免受心理困扰的目的抵抗这些无意识。而荣格对于梦境的理解则完全不同，他认为梦并不是妥协的产物，而是传递给我们有关人类本质的信息，个体对于这些信息的理解可以帮助其摆脱困境，达成自我实现——在荣格看来，这是个体对于自我的一种更为深刻的理解。这些信息并非出自个体意识，而来自集体无意识，荣格自己的一部分工作便是努力考察揭示出这些集体无意识的具体内容。

弗洛伊德与荣格在梦的本质的问题上的矛盾十分尖锐。1913年，由于两人的分歧已经无法调和，这两个男人的友谊走到了尽头，他们之间的合作也止步于此。

尽管在弗洛伊德的推动下，精神分析在十余年的时间里得到了巨大发展，但在最后绝大部分弗洛伊德最早和最亲密的合作者都与他分道扬镳了。

秘密委员会

弗洛伊德核心圈子里的各种争论和分歧不断困扰着他。刚刚起步的精神分析随时可能分崩离析，他也担心被自己视作精神分析核心的俄狄浦斯情结、幼儿性欲等概念会失去核心地位。同时期，仰仗自由联想与阻抗技术的"深蕴心理学"正在发展壮大，但在弗洛伊德看来，这算不上是真正的精神分析。琼斯提出了一个解决方案，他提议由弗洛伊德本人遴选出一个精神分析学家小组，成员的任务是致力于不折不扣地维护弗洛伊德对精神分析的解释，并努力团结精神分析学家，防止组织的进一步分裂。弗洛伊德死后，该委员会将指定一个继承者继续领导精神分析运动，以确保弗洛伊德的理论能够继续传承下去。

弗洛伊德迫不及待地接受了这个提议，因为这样就意味着他视如己出的精神分析能够在自己死后完整地、永远地保持和发展下去。该秘密委员会的成员包括琼斯、费伦齐、艾丁根、汉斯·萨克斯、兰克和亚伯拉罕。1913年，所有成员相聚在弗洛伊德家中，弗洛伊德交给每人一枚镶嵌有古罗马神话图案的黄金宝石戒指。这些戒指象征着他们效忠于弗洛伊德，弗洛伊德自己也戴上了一枚镶有朱庇特头像的戒指。秘密委员会也因此被称为"七戒委员会"。但该委员会的建立也无法完全阻止核心圈子内各种争议和矛盾的爆发，1924年，兰克在一次与俄狄浦斯情结地位有关的争论后宣布退出，取代他的则是弗洛伊德的女儿安娜。1927年，该委员会解散，其职能由国际精神分析协会接管。

◎ 弗洛伊德与"七戒委员会"其他成员的合影。

成为精神分析师的条件

在弗洛伊德还是一名医生的时候,就和周三心理学会的早期成员一样,认为单靠医学训练并不能培养出合格的精神分析师。兰克和狄奥多·芮克并没有医学背景,却也成了著名的精神分析学家。弗洛伊德担心如果将医学训练当作成为精神分析师的前提条件，那么不久以后精神分析学就会被医学吞并，成为其下面的分支。这种想法不无道理。所以弗洛伊德坚持认为对心理学充满兴趣、对精神分析的思维持开放包容的态度比进入医学院学习重要得多。

1926年，芮克因"招摇撞骗"遭到起诉，原因是他没有受过足够的培训便行医治病，这件事引起了弗洛伊德的高度关注。弗洛伊德极力为芮克辩护，并撰写了《非专业者从事精神分析的问题》。在文中，弗洛伊德为未经医学训练的精神分析师治疗神经紊乱的行为进行辩护，但在精神分析界内部却掀起了很长一段时间的激烈争论。总而言之，欧洲支持那些未经过专业训练的精神分析师行医，而在美国情况却恰恰相反，美国大多数人认为分析师必须是经过医学培训的医生，最好也受过精神病学的相关训练。此时芮克已经移民美国，但被告知无法加入美国精神分析协会。弗洛伊德认为好的精神分析训练比好的医学培训更重要，但在某些方面而言，自19世纪90年代后期弗洛伊德开始进行自我分析以来，精神分析的训练就存在巨大差异，所以弗洛伊德的这个观点受到了一些争议。

精神分析训练

弗洛伊德一开始认为自己创立的以自我分析为基础的精神分析可以为他人树立一个学习的典范。但弗洛伊德随后发现了移情的重要性,并且分析师在应对阻抗时会遇到许多实际困难,这让他意识到光靠自我分析是不够的,还应该通过必要的培训将分析师培养成专业的精神分析师。弗洛伊德以一种相当随意和非正式的方式将身边的一部分学生和朋友训练成了首批精神分析师,其中就包括格拉夫。格拉夫通过弗洛伊德寄给他的信件学习如何治疗儿子的病症。一些加入周三心理学会的弗洛伊德的早期跟随者凭借自身努力成了著名的精神分析师,也有一部分患者经过不断练习自学成了精神分析师。总而言之,很多只是经过弗洛伊德简单或者非正式的指导和筛选的人,即便他们没有受过更多的专业培训或监督,也被认为可以胜任精神分析师一职。

当时精神分析界充斥着一股互相争论和指责的风气，荣格也无法接受精神分析中的几个关键原则与规范，于是他决定离开。颇具讽刺意味的是，与弗洛伊德不同，荣格认为应当坚持开展规范化的精神分析师培训。艾丁根在规范精神分析师培训方面起到了重要的作用。1908年，艾丁根跟随弗洛伊德学习了五个星期的精神分析，1920年他成立了柏林精神分析研究所。艾丁根在研究所里设计出了著名的柏林培训模型（又称艾丁根模型或者艾丁根-弗洛伊德模型）。依照这个培训模型，想要成为精神分析师就必须得接受由经验丰富的分析师提供的"分析训练"，而并不需要真正去治疗某个具体的神经症

◎ 俄国医生、精神分析学家艾丁根，他协助制定了精神分析的培训方法。

患者。他们也需要参加精神分析理论方面的课程与讲座，在有经验的分析师的密切监督下亲自进行临床分析工作。20世纪的大部分时间里，艾丁根的模型成了精神分析培训的标准方式。

弗洛伊德之死

精神分析从最初弗洛伊德和亲密好友布洛伊尔与弗利斯之间的交流对话发展成了一个全球性的组织，到20世纪30年代中期，这个组织已经囊括了多家国际协会，定期举办会议创办了专业的期刊，推出了正式的培训课程。弗洛伊德有关无意识、压抑、幼儿性欲和俄狄浦斯情结等理论为全世界的读者所熟知，他的相关书籍也登上了畅销书排行榜。

然而，德国与奥地利的政治局势以及越来越差的个人健康状况不断侵蚀着弗洛伊德的生活。此时，纳粹开始兴起，他们实行残酷的反犹太主义政策，对弗洛伊德个人以及精神分析的组织也构成了威胁。

1933年，纳粹党在德国掌权，1938年，德国吞并了奥地利。作为一名著名的犹太人，尽管弗洛伊德公开宣称自己是无神论者，但他还是遭到了迫害：他的护照被没收，行动自由也受到限制；他的书被认作是在褒扬堕落的性变态而遭到公开烧毁，而精神分析组织也被认为是"犹太人的科学"遭到打击。与此同时，弗洛伊德常年吸烟的习惯也使得他的口腔癌不断恶化。尽管弗洛伊德为此接受了多次手术，但是其口腔癌仍然没有好转的迹象。

1938年，在众多国际知名学者的干预下，弗洛伊德在缴纳了一大笔"罚金"后才被允许离开维也纳前往伦敦，弗洛伊德到英国后居住在汉普斯特德的玛瑞斯菲尔德花园20号。此时弗洛伊德的口腔癌已经到了晚期，仅十五个月后，也就是1939年9月，弗洛伊德辞世，享年八十三岁。

弗洛伊德的离世标志着经典精神分析时代的终结，但弗洛伊德的思想并没有就此消亡，在他死后，精神分析受到了人们的重新审视,他的思想也传播到了临床医学以外的许多领域。

◎ 伦敦玛瑞斯菲尔德花园20号,弗洛伊德最后的住所,现为弗洛伊德博物馆。

TIPS

◆ 弗洛伊德在二十余年的时间里成了一位世界级的名人,他此前与朋友和同事组建的小圈子也变成了在欧洲和美国拥有数个协会的庞大组织。

◆ 弗洛伊德在《梦的解析》一书中提出了精神分析理论,并牢牢掌控该理论中任何概念的发展。他对于俄狄浦斯情结、幼儿性欲等核心概念视若珍宝,绝不容许旁人染指,任何在理解上发生偏差的人都将被驱逐出精神分析学会。

9 批评的声音

到目前为止，本书重点呈现了弗洛伊德所主张的精神分析的发展状况，展示了精神分析的概念是如何发展演变并最终形成一个具有连贯性的整体的。本章中我们将主要从精神分析领域以外的角度介绍一些针对精神分析理论和弗洛伊德个人的批评声音。

与理论心理学和精神病学的分裂

1913年年底，弗洛伊德与精神病学家布鲁勒的合作关系宣告终结，精神分析的发展也游离于大学与精神病学体系之外。而在大学内部，不同的心理学学派也各持己见。冯特开发出一种基于内省的心理学方法，这种方法在非常严格的条件下由受过专业训练的参与者实施。行为学家对这种方法提出了疑问，认为使用这种方法研究意识所获得的经验不够客观公正，所以他们尝试建立一种基于可以公开观察获得刺激反应的心理学方法。1913年，美国人约翰·布鲁德斯·华生（1878—1958）提出了他的"行为主义者宣言"，宣言明确表示心理学研究应当摒弃意识概念和内省的方法，而将研究目标放在对行为的预测和控制上。这种行为主义心理学在20世纪30年代得到了B. F. 斯金纳（1904—1990）的进一步发展，他在《有机体的行为》中认为从意识和精神生活的角度研究心理学就如同走进了一条死胡同，人们应该从有机体（可以是一只老鼠或一个人）的运动行为角度研究心理学，并且需要考虑周围环境所造成的影响。

在欧洲，此前受到冯特严格限制使用的内省法得到了放宽，以

◎ 华生，行为主义运动的领导者。他开始区分理论心理学和弗洛伊德的精神分析。

我的爱好是
研究疯子

◎ 韦特海默是格式塔心理学的创立者之一,他认为人们的经验只是一个动态整体的某个局部。

马克斯·韦特海默(1880—1943)为首的格式塔心理学家们对支配感知和创造新思维的原则进行了探索研究。格式塔心理学家从研究每个人的普遍经历入手,对精神病理学并不是特别热衷。他们对精神生活的动态属性很感兴趣，在对意识体验的描述中也不涉及审查和阻抗的概念。心理学大部分流派的发展与精神分析学家之间缺乏互动，与精神分析理论也极少有关联，有些心理学家甚至拒绝承认自己的研究与精神分析存在关系，其中最好的情况也只是将精神分析当作其研究过程中一个有趣的假设来源而已。

精神分析的科学地位

不同的实践者将与自己有关的理论心理学（大学里进行心理学教学和研究工作）视作科学的原则规范。对行为主义者而言，科学就意味着需要研究者始终保持客观，他们拒绝使用任何与意识经验有关的概念来解释行为。格式塔心理学家则认为只有基于对心理体验完全公开的观察研究才算是科学，这样的研究者才称得上科学家。当然，弗洛伊德也认为自己是科学家。弗洛伊德一生对生物学、医学和神经学均做出了比较重要的贡献，他将精神分析视为上述科学事业的延续。他在《科学心理学设计》中尝试将无意识、原初过程、自我和压抑等精神分析概念与大脑的神经元[1]结构直接联系起来，目的是将神经学、心理学与物理学统一成一个整体。但最后弗洛伊德被迫放弃这方面的努力，因为他对于以神经元理论作为临床观察的依据并不满意，但弗洛伊德依然坚持认为精神分析是一门科学，也相信终有一日精神分析会以某种方式与我们对于大脑的理解相契合。

弗洛伊德在其之后的职业生涯里总是小心谨慎地将精神分析与他称之为心理玄学的理论做区分。前者是以实证研究为基础的临床理论，而后者则被视为一种与思维有关的一般化理论，该理论能够随着新的临床发现而发生改变。弗

---

[1] 神经系统的基本结构单位，传递神经冲动的一种细胞。

洛伊德认为临床理论可以在临床实践中得到验证，比如，自由联想的过程、对梦境的分析和检查动作倒错行为可以让患者意识到，无意识的力量既能产生病症，又能消灭病症。弗洛伊德深信自己是科学家，所以他并不在意理论心理学家的评判，对他们的实证研究也缺乏兴趣。因此精神分析与理论心理学完全朝着各自的方向发展，两者几乎没有交集，也不存在什么争议，他们感兴趣的领域之间也很少有重叠的部分。

能解释一切又什么都不能解释的理论

精神分析的科学地位首次受到了挑战，但这次挑战却并非来自理论心理学。卡尔·波普尔（1902—1994）被认为是20世纪最杰出和最具影响力的科学哲学家，他在20世纪10年代后期以研究心理学开启了他的职业生涯，但他并没有以心理学家的身份担任过任何学术职务。波普尔在杰出的发展与认知心理学家卡尔·布勒（1879—1963）的指导下获得了维也纳大学的博士学位。波普尔除了从事认知学领域的研究，还在阿德勒（弗洛伊德周三心理学会的创始成员之一）经营的诊所为工人阶级的问题儿童提供服务。

◎ 波普尔是20世纪最卓越的科学哲学家之一，他的事业从研究心理学起步。

阿德勒在多次就幼儿性欲的核心地位以及社会环境对人成长的影响问题与弗洛伊德发生争论后，在1911年与弗洛伊德分道扬镳。随后阿德勒建立了自己的个体心理学学派，目前最广为接受的是他提出的"自卑情结"概念。

当时的维也纳处于智力大碰撞时期，各种令人激奋的观点此起彼伏，波普尔和他的朋友经常长时间地讨论弗洛伊德、阿德勒的著作，还有阿尔伯特·爱因斯坦（1879—1955）的最新理论。1905年，爱因斯坦的狭义相对论出版；1915年，广义相对论问世。波普尔发现他的朋友们完全沉浸在精神分析或者阿德勒的个体心理学中，他们在自己周围不断寻找自己所钟爱理论的相关证据。这让波普尔大惑不解，他觉察到弗洛伊德和阿德勒的理论与爱因斯坦的理论之间有一点重要的区别。为了弄明白这点区别，波普尔进行了一场思维实验：他尝试想象精神分析学和阿德勒个体心理学会如何解释一名男子将小孩推入湖中试图将其淹死的行为。从精神分析的角度来看，这种具有侵略性的行为可以用俄狄浦斯冲突解释；而阿德勒的理论则变成了另外的说法：这个男人向他人或自己证明他敢于犯罪，以此来应对自己的自卑情结。

如果另外有一名男子跳入湖中营救小孩，精神分析学家对此的解释可能是俄狄浦斯情结得到升华，侵略性的冲动以社会可接受的方式表现出来。而从阿德勒学说来看，这种拯救生命的行为也是自卑情结作用的结果，以这种英雄般的壮举向他人或者自己证明自己敢于营救小孩。波普尔通过这个思维实验得出结论：无论是精神分析还是个人心理学，都能够解释反社会与无私利他两种完全相反的行为。

波普尔对此的推论是精神分析与阿德勒的个体心理学都具有普遍性，它们的概念十分灵活，可以解释人类的任何行为。

猜想与反驳

爱因斯坦相对论的情况则恰恰相反，它只能推导出一些非常具体的猜测。其中之一便是从恒星发出的光线在经过太阳时会受到太阳引力场的作用而发生弯曲。偏离角度不仅可以通过计算获得，也可以实地测量。如果没有发生偏离，或者说理论上计算出来的偏离值与观察获得的值不同，那就证明相对论是完全错误的。1919年，亚瑟·爱丁顿出发前往非洲西海岸探险，测量发生日食时光线的偏离值，他发现测量所得的值与相对论预测的完全一致。

在波普尔看来，这便是界定科学与否的完美范例，这个例子也充分阐明了相对论与精神分析和个体心理学之间的区别，因为相对论的建立具有批判性——人们通过观察便可以否定这个理论。波普尔进而声称,精神分析和个体心理学并不是科学,因为这些理论的概念框架能够容纳任何一种观察结果,也不清楚究竟是否存在某个证据能让精神分析学家不再相信俄狄浦斯情结并且否认无意识的存在。弗洛伊德在世的时候,波普尔就一直对精神分析理论的本质进行评论,却并没有得到广泛的传播和关注,直到弗洛伊德逝世二十余年后的1963年,波普尔发表了《猜想与反驳:科学知识的增长》,他的观点才被广泛用于对精神分析的批评。

◎ 爱因斯坦,摄于1905年。波普尔认为爱因斯坦的理论和诸如弗洛伊德和阿德勒等思想家的理论之间存在明显区别。

厄内斯特·盖尔纳(1925—1995)是一位人类学家和社会理论家,深受波普尔的影响,在其著作《精神分析运动》中，盖尔纳赞同波普尔关于为何精神分析不是真正的科学的观点。随后他进一步从社会学的视角进行探索：如果精神分析只是一门伪科学，那它为何能如此成功，又是如何获得成功的——毕竟数以万计饱受痛苦的患者曾寻求过成百上千名接受过培训的精神分析师的治疗。盖尔纳的结论是：这个包罗万象的概念架构一方面否定了精神分析的科学性，但另一方面也吸引了那些寻求生活意义的人，并让他们获得了满足感。与行为心理学（从刺激和反应的关系链角度理解人的本质）或是20世纪五六十年代兴起的认知心理学（从计算机输入和输出角度理解人的本质）相比，拥有本我、自我和超我等充满相互矛盾性概念的精神分析内涵要丰富得多。当然，弗洛伊德以不同寻常的方式直接应对人类的性欲，这是其他大部分理论心理学所欠缺的。

盖尔纳也留意到，精神分析的从业者与患者都耗费了大量的时间和财力，双方的互相投入和承诺是很难分离的。盖尔纳认为，精神分析归根到底应该是一种类似宗教结构的组织，而非科学，精神分析师所扮演的正是类似牧师的角色。盖尔纳认为精神分析的问题在于其所呈现出来的似乎是一门科学，而不是某种信仰或者生活习惯，并且精神分析也承诺可以有效治愈患者的痛苦。盖尔纳沿着波普尔的观点继续补充，精神分析的基础并不是科学证据，它充其量不过是起一种安慰剂的作用，确诊的受压抑愿望也无法得到直接治愈，只不过是患者在受到自己敬重的分析师热切的关注和认真地对待后感觉自己的病情有所好转罢了。最糟糕的情况是，患者在浪费大量时间和精力后仍然一无所获，病情也没有好转，还耽误了向精神病医生和临床心理学家问诊的时机。

临床理论的重要性

　　精神分析的有效性存疑成为其突出的问题，临床心理学开始和精神分析展开竞争，想要获取更多的认可。临床心理学的支持者们在英国发起了运动，随后在20世纪四五十年代又发展到了美国，他们在财力上获得更多的支持。1949年，汉斯·艾森克（1916—1997）的美国之行成了其中的关键，艾森克在美国与许多临床专家进行交流并收集信息，随后设计出了英国第一门临床心理学课程。出生于德国的艾森克在英国从事心理学研究工作，他将人格理论发扬光大。在美期间，艾森克足迹遍及美国各地，与众多学者进行沟通交流。艾森克参加了很多场讲座和研讨会，并查阅了大量文献，逐渐对精神分析治疗神经症和其他紊乱症状的疗效产生怀疑。他认为，任何有关精神分析成功治愈患者的证据充其量只是传闻和谣言，疗效仅仅依靠分析师或患者的证词，缺乏任何独立的、有效的测量标准。

但对弗洛伊德来说，分析师和患者的证词就已经足够了——如果分析师的阐释足够准确，患者也能够接受这些阐释，那么患者的症状自然能得到消除。但是艾森克却认为，独立的证据是必要的。1953年，艾森克在《心理咨询杂志》上发表论文，讨论心理治疗的疗效。他在论文中得出结论，精神分析和心理疗法在治疗心理健康疾病时的治愈行为都是偶然的，此外，在他查阅的各种研究案例中，三分之二的患者是在没有接受任何治疗的情况下自愈

◎ 艾森克与妻子西比尔。艾森克对智力和人格本质的研究做出了开创性工作。

的。他认为,如果将精神分析疗法视作一种治疗神经症的有效手段,那其治愈率应当要高于患者的自愈率,但他通过研究并没有发现这一证据。

艾森克同时指出精神分析缺乏有效性证据，并认为临床心理学家应该通过行为主义和人格理论来制定相应的课程。随后，艾森克在他的著作《弗洛伊德帝国的衰退》中全方位抨击弗洛伊德和他的精神分析，他认为精神分析并非科学，应当将其完全抛弃。

哲学家阿道夫·格伦鲍姆（1923—2018）虽然同意艾森克对精神分析疗效有效性的批判，但是他的观点和波普尔相反，他认为精神分析是一门科学，并且可以通过实践进行检验，弗洛伊德为其临床方案的科学性进行辩护的基础便是格伦鲍姆戏称的"理据论证"——在分析患者俄狄浦斯冲突的过程中，只有当分析师给出的阐释符合患者自身的体验和经历时，该心理矛盾与病症才可能成功消除；反之患者则会停止接受精神分析，并退出治疗。

这里的关键在于向患者揭示其受压抑的幼儿性欲过程，这一精神分析过程是永久治愈病症的唯一途径，而幼儿性欲则是导致患者之后所患神经症和强迫症行为的罪魁祸首。如果治疗仅是消除症状，却没有处理好受压抑的幼儿性欲，那么根据精神分析理论，就会出现新的症状来取代之前消失的病症。患者通过分析师阐释的过程会认识到自己的无意识愿望，进而达到治愈的目的。格伦鲍姆认为，如果弗洛伊德是正确的，那么那些自发性症状的缓解或者无法应对无意识矛盾的治疗措施便不可能存在。但有证据表明患者可以通过其他的方法治愈，也常常发生患者自愈的现象，精神分析理论因此得到了证伪，该理论及其治疗方法应该被摒弃。

弗洛伊德死后受到的攻击

波普尔、格伦鲍姆和艾森克对精神分析的批判主要聚焦于精神分析作为一种理论的地位和作为一种治疗手段的疗效。这些最早的批判仅仅是认为弗洛伊德的思想体系是错误的，并没有否定弗洛伊德作为一位科学家的身份。但是从20世纪80年代到现在，弗洛伊德本身也受到了攻击：在这些批评家看来，精神分析不仅是一门错误的理论，作为一个组织而言，其更是充满了野心和欺诈。在介绍这些观点之前,我们先了解一下精神分析最新的发展历程,看一下大众对弗洛伊德的思想都有哪些新的理解和观点。

詹姆斯·斯特雷奇(1887—1967)在1953—1974年间审阅了《西格蒙德·弗洛伊德心理学著作全集》(标准版),该书共二十四卷,让广大学者有机会了解弗洛伊德著作涉猎的广度。同样是在20世纪50年代,琼斯出版了三卷版的弗洛伊德官方自传。琼斯撰写的自传饱受诟病,被认为充满了阿谀奉承,缺乏批判精神,将弗洛伊德描述成为一个饱经磨难的天才、探索出了惊世骇俗的新发现,无人能出其右。弗洛伊德去世后又出现了一些关于他的新材料,这些新出现的信息对琼斯自传中描述的内容提出了疑问,尤其是其中大量的信件,既有私人的(与他的妻子玛莎以及童年伙伴),也有工作上的[与他早期的合作者(包括荣格和费伦齐),以及与秘密委员会成员]。其中特别让人感兴趣的是弗洛伊德与弗利斯之间的信件。1937年,这些信件被人出售,买家是弗洛伊德的支持者玛丽·波拿巴(1882—1962)。弗洛伊德想要销毁这些信件,但是波拿巴却将它们保留了下来,1985年,这些信件最终全部被公之于众。

◎ 波拿巴肖像。她购得弗洛伊德与弗利斯往来的信件，这些信件最终于1985年被公之于众。

这些关于弗洛伊德生平的新材料的出现激发了人们对精神分析史的研究，一些较新的、更具批判性的传记相继出版。1970年，亨利·艾伦伯格（1905—1993）在《发现无意识：动力精神医学的历史及演变》一书中论证了弗洛伊德有关无意识的叙述并非如琼斯所言是原创的，而是传承了德国哲学和法国精神病学的思想。在差不多十年以后的1979年，弗兰克·苏洛威（1947—？）出版了具有很大影响力的传记《弗洛伊德：心智的生物学家》，书中也强调弗洛伊德的理论是早期一些思想家观念的延续，同时也是他之前从事生物学和精神病学研究工作的延续。

在1949年出版的《第二性》中，法国哲学家、女权主义者西蒙娜·德·波伏娃（1908—1986）严厉批评了弗洛伊德将女性气质定义为"男性力比多的偏离，即阴茎的缺失，而非女性的固有

◎ 波伏娃是法国重要的哲学家，也是最杰出的女权主义者之一。她对弗洛伊德精神分析中明显的性别歧视提出了尖锐的批评。

特征"这一观点。贝蒂·弗里丹（1921—2006）借鉴了这种批判观点，她在1963年出版的《女性的奥秘》中表示，精神分析拥护男性凌驾于女性之上的父权制度，倡议一同抵制和反对精神分析。但在20世纪80年代，一场名为"弗洛伊德战争"的运动从方法论和女性主义的角度进行批判，将对弗洛伊德的批评引向了另一个层面。这场战争最重要的两次行动便是1980年弗雷德里克·克鲁斯的文章《分析的

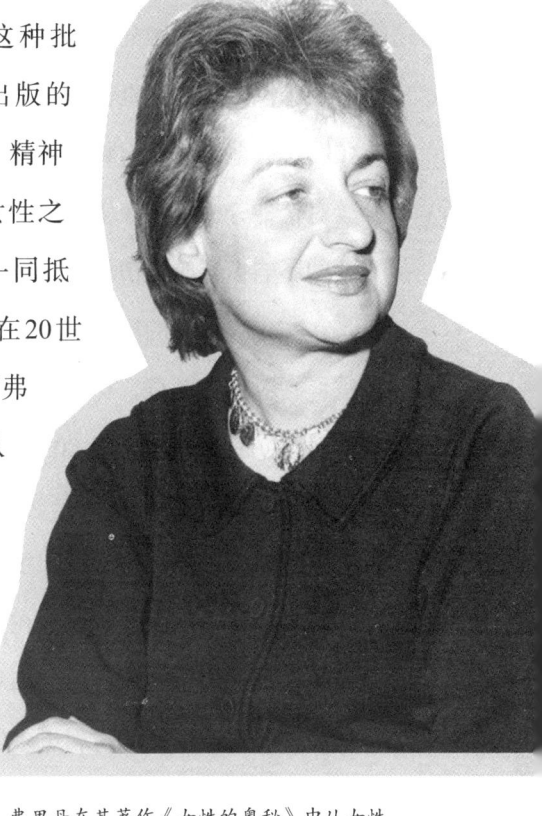

◎ 弗里丹在其著作《女性的奥秘》中从女性主义角度对弗洛伊德的精神分析进行了猛烈的抨击。

终结》在杂志《评论》上发表，另一次则是他1993年发表在《纽约书评》上的《不为人知的弗洛伊德》。克鲁斯

（1933—？）是一位英语教授，他在职业生涯开始时对弗洛伊德以及弗洛伊德的精神分析持赞同观点，并运用精神分析的理论进行文学批评。但是克鲁斯的态度后来逐渐发生了变化，他不仅反对将精神分析用于文学批评，同时也开始对精神分析疗法产生异议。克鲁斯受到格伦鲍姆评论文章的影响，开始相信精神分析具有危害性，认为精神分析是在文化和社会的层面对人类的本质做出的一种扭曲化的解释，对患者而言，花钱进行精神分析治疗实在是一件既费时又费钱的举动。从20世纪80年代到现在，克鲁斯对弗洛伊德的批判变得越来越尖锐。2017年，他出版了《弗洛伊德：幻象的制造》一书。他在书中认为，弗洛伊德实际食用可卡因的量远比他在著作中承认的多得多，这也导致他创造出了在克鲁斯看来华而不实的浮夸理论，因为支撑这些理论的案例材料更多的是依靠捏造和夸张的手段，而非谨慎科学地进行描述与分析。

杰弗里·马森（1941—？）是一位学者，最初从事的是梵语这门印欧语系的古代语言研究，之后经过重新培训成了一位精神分析学家。马森同时也是库尔特·艾斯勒（1908—1999）的知己。艾斯勒创立并管理弗洛伊德档案，该档案包含了弗洛伊德死后遗留下来的论文，以及后来收集的书信和文章。艾斯勒任命马森为档案秘书，允许他接触弗洛伊德一些未公开的论文。1984年，马森出版了《对真理的攻击：弗洛伊德对引诱理论的压制》，在书中他指责弗洛伊德放弃引诱理论主要是因为接受这种理论会给弗洛伊德带来负面影

◎ 克鲁斯质疑弗洛伊德案例研究的可靠性，并且暗示弗洛伊德对于可卡因的依赖程度比其本人承认的还要严重。

响。这是由于该理论认为儿童性虐待是诱发歇斯底里症的主要原因，弗洛伊德当时渴望成名并获得他人的认可，所以他很乐意将责任从父母和保姆身上转移到孩子身上，转而提出孩子内心被强大的力比多驱使的幼儿性欲才是真正

的罪魁祸首。在马森看来，弗洛伊德的这种行为事实上恰恰是对那些受到性虐待孩子的背叛。

马森关于弗洛伊德抛弃引诱理论理由的言论引发了争议。事实上，弗洛伊德是在数年以后才正式发布他的撤回声明，这表明弗洛伊德对于自己改变观点的做法心存尴尬，感到羞愧。而弗洛伊德一直都承认有相当一部分患者受到了其父母、保姆、兄弟姊妹或者用人的虐待，但是他坚称这种现象并没有发生在所有人身上。在弗洛伊德看来，只要有一个患者展现出了其儿童时期遭受压抑的幼儿性欲愿望，那引诱理论就被证明是错误的。

TIPS

◆ 弗洛伊德受到各方批评：波普尔和盖尔纳等人认为弗洛伊德的精神分析并不是一门科学，其自我宣称的科学地位是没有依据的，也是不成立的。

◆ 格伦鲍姆也对弗洛伊德提出了批评，他认为精神分析虽然是一门科学，但是这门科学却没有强有力的证据支持，应当给予摒弃。

◆ 艾森克致力于评估精神分析的有效性，他的研究使临床心理学的发展走上了一条反精神分析的道路。

◆ 女性主义也从科学地位的角度对精神分析进行批判，他们认为弗洛伊德及其发现的俄狄浦斯情结，包括他对于女性性心理发展的错误概念，都只是在简单重复其所处的19世纪后期父权化的社会结构理论。

◆ 马森认为弗洛伊德对于父权思想十分迷恋。洛伊德为了能够使自己的理论获得认可并为人接受，甚至打算否认儿童对于自己遭受性虐待的描述，并认为儿童们的言论不符合事实。种种对于弗洛伊德的批判引发了20世纪八九十年代爆发的"弗洛伊德战争"。时至今日，这些争论仍未平息，双方各执一词，互不相让。

⑩ 用精神分析理解社会的发展

弗洛伊德在1885年拜访沙可之后，他工作的重心也从实验室转向了诊疗室，临床的治疗方法成了他了解思维结构的主要工具。但是弗洛伊德并不满足于此，他不想将自己的研究局限在歇斯底里症和强迫性神经症的治疗技术上。弗洛伊德想将精神分析发扬光大，将其应用于艺术和文化的分析等。1912年，弗洛伊德雄心勃勃，与萨克斯、兰克一起创办了《意象》杂志，想借此提供一个讨论精神分析理论的平台，共同探讨如何将精神分析运用在人文、艺术和社会科学等领域。1939年，纳粹德国吞并奥地利，杂志改名为《美国意象》并迁至美国，直到今天仍在发行。弗洛伊德在该杂志上发表了许多与临床工作无关的文章，这些文章将精神分析作为一种方法对艺术和文学作品进行批评，其中包含对俄国作家费奥多尔·陀思妥耶夫斯基（1821—1881）作品的讨论，以及对达·芬奇的艺术与科学发展历程的探讨。

弗洛伊德对于时事与政治也十分感兴趣，他想要影响文化和社会的雄心壮志也反映在了他的一系列论文和著作上，从20世纪初开始一直持续到1939年其生命的终结，弗洛伊德一直在进行相关的研究。1908年，他发表

◎《意象》的封面。

了《"文明的"性欲道德与现代精神疾病》一文，将目光转向人类本能与文明之间的基本对立面。他认为人类只有压抑性欲本能或将精力投入工作和艺术等社会所接受的追求上，人类社会才能存活下去。

文明的发展

19世纪末20世纪初，社会上普遍流行着一种观点：所谓文明的发展，就是从"原始"或"野蛮"的社会组织形式向复杂、高度分化以及文明富裕的现代工业社会有序演化的过程，弗洛伊德也接受这种观点。这种演化的过程不仅会影响诸如法院或政府等机构的发展，也会影响思维方式的演化。社会从"原始"向"先进"的转变也正是从万物有灵等思想向现代科学思想的转化过程。弗洛伊德对此的贡献在于他的精神分析概念既能够用来解释这些转变现象，也能帮助我们加深对现代社会的理解。

◎ 1937年,弗洛伊德对着办公桌上的爪哇小雕像沉思。他越来越多地尝试使用精神分析理论理解社会的发展。

人类物种的复演说理论

我们显然无法回到过去观察人类社会最初的形成及其之后的发展,所以这些对于社会发展过程的描述纯粹出于

◎ 斯宾塞认为从儿童认知的发展能够推断出整个人类物种的认知发展过程。

臆测。理论家们为了论证自己的观点，往往采用"复演说"理论。该理论是由生物学家恩斯特·海克尔（1834—1919）提出的，他主张物种的进化过程应当与其从受精到妊娠和孵化的发育过程类似。英国社会思想家赫伯特·斯宾塞（1820—1903）对学习也持类似的观点。他认为，儿童智力的发展经历了思维方式从具体到抽象的转变，这个过程和人类认知的发展相似，从这个角度来说，通过观察儿童的认知发展过程也能发现人类这个物种整个认知的发展历史。弗洛伊德也有类似的主张，他将儿童从婴儿到成人的性心理发展过程映射到人类文明的演化史上。考虑到弗洛伊德性心理发展的理论也属于精神病理学的发展理论，所以弗洛伊德的理论同样可以用于诊断甚至治疗人类文明发展中的各种顽疾。

死亡本能

弗洛伊德在第一次描述性心理的发展时，他将性本能和力比多与保护生命的自我本能进行对比。弗洛伊德在20世纪20年代初就开始质疑这两者的区别。1914—1918年间的第一次世界大战给欧洲带去了死亡与毁灭，弗洛伊德迅速断定这是文明自身的脆弱与失败所致的。弗洛伊德在治疗那些在战争中经历了可怕心理创伤的老兵时发现，他们有一种强烈地想要再次体验那种痛苦的过程的冲动。患者会不断梦到在战争中遭受创伤的那段经历，弗洛伊德对此百思不得其解，因为如果从愿望实现的角度来看，患者的这种行为很难让人理解，而当时弗洛伊德已经在《梦的解析》中表明愿望的实现是解析梦境的关键。但患者反复勾起的这些回忆似乎并不会带来任何愉悦感，所以老兵的这些经历并没有给弗洛伊德的理论提供什么帮助，反而给他带去了消极的影响。

这让弗洛伊德开始反思自己关于本能的基本理论，在1920年出版的《超越快乐原则》中，他将性欲本能与自我本能归为一类，称作"生存本能[1]"，而将其对立面称为"死亡本能[2]"。在弗洛伊德看来，死亡本能是所有生命的归宿，旨在减缓压力、纾解紧张情绪，回归到生命出现之前的无机状态。然而弗洛伊德在书中并未提及塔纳特斯（意为死亡本能），但根据自传作者琼斯的谈话记录，弗洛伊德谈到塔纳特斯取自希腊神话中死神的名字，指的是死亡本能，与之对应的生存本能则称为爱洛斯——古希腊神话中爱与情欲之神。弗洛伊德生前一直坚信精神分析能够证明塔纳特斯

---

1 有性繁殖与个体自我保护的本能。

2 一种消灭自己或自我毁灭的本能。

的真实存在，所有人类都受到自我毁灭、有性生殖和自我保护的驱使。弗洛伊德此前一直认为攻击性是性欲与自我保护相互冲突的结果。弗洛伊德在将塔纳特斯引入自己的概念架构后，认为这种毁灭的本能无法将自身作为破坏目标，需要对外转向他人，结果就变成攻击的本能。弗洛伊德在《一个幻觉的未来》和《文明及其不满》中深入调查研究了人类文明的发展，认为文明必须经受得住性欲和自私、自我保护本能以及最基本的毁灭本能的考验。

TIPS

◆ 弗洛伊德在萨克斯和兰克的协助下创办了《意象》杂志,推动了精神分析理论在人文、艺术和社会科学领域的发展。

◆ 1908年,弗洛伊德发表《"文明的"性欲道德与现代精神疾病》。他主张只有性本能受到压抑,或是性本能的能量传递到诸如工作或艺术等社会可接受的追求之中,人类社会才可能幸存下来。

◆ 当代观点普遍认为,人类文明的发展经历了从原始的社会组织形态向高度分化的工业社会演变的过程。

◆ 弗洛伊德在治疗"一战"老兵时反思自己有关本能研究的基本理论。他将性欲本能和自我本能合二为一,称作生存本能(爱洛斯),与之相对的则称为死亡本能(塔纳特斯)。

当前对弗洛伊德及精神分析的评析

⑪

本书已经呈现的内容在相关的文献研究中被称作"经典理论",指的是弗洛伊德认可的精神分析方法中不可或缺的核心概念与研究成果。弗洛伊德死后,精神分析开始分化,朝着多个方向发展。在英国,弗洛伊德的女儿安娜凭借其1936年的著作《自我与防御机制》,领导了精神分析的自我心理学派的发展。该学派聚焦精神分析理论,研究自我对于环境的适应。梅兰妮·克莱因(1882—1960)则将精神分析引向了另一个方向,创立了克莱因或客体关系学派。与弗洛伊德的观点不同,克莱因或客体关系学派较少关注本能概念的发展以及因满足本能而产生的各种矛盾,而是更多地研究儿童需求的相关客

◎ 克莱因,奥地利精神分析学家。她专注于儿童的精神分析,创立了客体关系学派。

体（比如母亲和乳房），并且通过内射和投射等过程推动心理结构的发展，由此形成了一套复杂的客体和客体关系的内化表现形式。克莱因学派强调婴儿最早期经历的重要性，认为就儿童发展的重要性而言，婴儿出生的第一年超过其余孩童时期的总和。

安娜与克莱因在20世纪40年代发生了著名的争论，焦点在于克莱因主张超我在婴儿出生的第一年就能够表现出来。唐纳德·温尼科特（1896—1971）领导了精神分析师中间或独立小组，他们对于精神分析理论采取了一种更加务实的态度，拒绝卷入意识形态之争，并且试图在安娜与克莱因学派之间开辟一条新的道路。

在法国，雅克·拉康（1901—1981）举起了精神分析的大旗，并引向完全不同的方向，他创立了结构主义或拉康学派。拉康认为有必要"回归弗洛伊德"。拉康从语言学和结构主义借鉴了哲学和方法论的思想，创造了"想象界""象征界"和"实在界"等术语，他用这些术语指代精神现象中的不同层次，对我们理解自己在自然界和社会中所处的地位十分重要。

上述内容只是精神分析在弗洛伊德辞世后不同发展道

◎ 弗洛伊德的女儿安娜凭借自身努力，成了一名权威的精神分析学家。

路上的一些例子。而这些精神分析学派在文学领域的运用与弗洛伊德的经典理论同样广泛，甚至更为普遍，如果要公正地评判他们对弗洛伊德核心思想修改工作的复杂性，就需要替每个人撰写一本厚厚的专著。每个精神分析学派都将弗洛伊德与其成果视为他们研究的开端。一早便与弗洛伊德分道扬镳的荣格也同样创立了具有很大影响力的分析心理学学派，尽管该学派拒绝接受弗洛伊德的核心理念，但仍然与精神分析拥有共同的历史基础并存在许多相似之处。作为一套理论体系和方法论，精神分析在弗洛伊德死后并没有停滞不前,而是在精神分析学家们的引领下百花齐放,朝着不同的方向继续发展壮大。

◎ 拉康,法国精神分析学家,主张回归弗洛伊德的理念和方法。

心理学和精神病学的发展过程

心理学和精神病学在弗洛伊德死后的发展变化则更为巨大。20世纪三四十年代,心理学受限于行为主义,拒绝接受涉及心理状态和主观体验的心理学解释。如今的心理学已经能够接纳心理状态，特别是心理表征概念的"认知"转向。现代认知心理学在许多方面与精神分析持相近观点，但两者却难以达成和谐统一。认知心理学关注无意识过程，但通常情况下却无法接受弗洛伊德的心理动力理论，动力理论指的是精神活动受到冲突驱动的过程，而本我、自我和超我则是相对独立的结构单位。无意识认知当时还不是认知心理学的主流，精神分析在大学的心理学体系中也尚未站稳脚跟。

与精神病学和临床心理学有关的精神分析仍然处于尴尬的境地。弗洛伊德用来区分患者歇斯底里症或者强迫性神经症的分类方法已经不再用于精神疾病的诊断。在过去的20世纪上半叶，《精神疾病诊断与统计手册》与《疾病和有关健康问题的国际统计分类》已经删除了与精神分析有关的术语和理论结构，所以如今的精神疾病诊断完全绕开了精神分析，精神疾病的治疗亦是如此。20世纪50年代，新的精神类药物的发展使得这些药物成了治疗大部分精神疾病的主要手段。

同样是在20世纪50年代，艾森克主张以临床心理学作为精神分析的明确替代方案，他使用行为主义心理学的技术治疗精神疾病。到了20世纪70年代，阿尔伯特·艾利斯（1913—2007）和亚伦·贝克（1921—2021）等心理学家拒绝接受压抑和阻抗等精神分析概念，并将目光聚焦在移除那些无用的或具有自我破坏性的想法上，而不是寻找形成这些想法的儿童期早年经历。这些技术手段已经证明可以有效治疗多种类型的精神疾病，再加上艾森克的行为疗法，一起组成了认知行为治疗。如今，英国国家健康与照顾卓越研究院推荐使用CBT而不是精神分析疗法治疗焦虑症、抑郁症、强迫症、精神分裂症和成人双相障碍等精神疾病。

◎ 贝克，"认知理论之父"。他专注消除患者具有潜在危害的想法，而不是寻找其儿童期的创伤。

当前的精神分析

精神分析曾经是一种认识与治疗精神疾病的重要手段，但在弗洛伊德辞世后便日渐式微，CBT 和精神类药物的使用日益广泛。虽然时至今日仍然有人在使用精神分析治疗疾病，但费用往往由患者承担，国民医疗服务体系和私人医疗保险并不会为此买单。然而，随着所谓心理疗法的兴起，精神分析的思想已经从精神病学和临床心理学中消失。心理疗法吸收了弗洛伊德的部分概念（儿童早期经历的重要性、无意识过程以及压抑等），但拒绝全盘接受精神分析理论，拒绝接受自由联想、梦境分析等治疗方法，也不认为治疗期可能会持续数月甚至数年之久。恰恰相反，心理疗法能够提供为期更短、更有针对性的治疗方法，并且多管齐下治疗心理疾病。采用这种方法的从业者将他们的疗法称作"综合疗法"，他们乐于将精神分析的理念与其他心理学疗法相结合，比如，将精神分析疗法与卡尔·罗杰斯（1902—1987）的当事人中心治疗法相结合，但这种综合疗法完全摒弃了弗洛伊德提出的冲突模型。弗洛伊德一旦得知某名追随者偏离了自己的核心理念和方法，便会立刻驱逐他，所以他不太可能乐意见到精神分析被"稀释"或者由其他人提供一个简化版的精神分析疗法。尽管这只是心理疗法的其中一部分，但还是为精神分析的治疗方案提供了一个可供选择的途径。

◎ 罗杰斯，美国心理学家，首创当事人中心治疗法。

弗洛伊德研究成果的跨度

想要简明扼要地讲述弗洛伊德的一生和他的理论是一件非常困难的事,他的观点错综复杂,内容洋洋洒洒,无法一言以蔽之。究其原因,一部分在于弗洛伊德是一位多产的心理学家——他的出版著作标准版达到了惊人的二十四卷,此外,弗洛伊德还是一名横跨数个学科的思想家,研究的主题包括鱼类生物学、可卡因的效用、催眠术以及儿童性侵等。弗洛伊德在发明精神分析之后,又发展出一种探究心理现象的方法,在他看来,这种方法开启了一扇之前从未有过的通往无意识领域的大门。弗洛伊德创造了一种治疗神经症的方法,并且利用其多年临床工作的经验提出了数个描述人类心理的全新模型。

这些发明和创造绝大部分都发生在大学体系之外。弗洛伊德以他的数个协会社团为基础,与数名志同道合的同事一道发起了一场国际精神分析运动。尽管研究探索之路并非一帆风顺,有一开始就失败的,也有最终走进死胡同的，有与同事争执不下的，也有闹到分道扬镳的，但弗洛伊德八十三岁在伦敦逝世的时候，他已经创造出了数量惊人的研究成果，并被认为是他那个时代最著名的心理学家。

批评家们认为弗洛伊德研究成果的整体性大于各部分的总和。这并不是在赞美弗洛伊德，而是对于他的专业学识提出了批评。在他们看来，弗洛伊德是一名糟糕的生物学家、草率马虎的临床医生、报告和案例中不可靠的证人。尽管弗洛伊德的追随者将他视作值得敬仰的伟人，但是一旦追随者与大师决裂，那他们必须放弃之前所接受的弗洛伊德理论。时至今日，弗洛伊德与他的精神分析使得心理学家、患者和公众分化成两个极端。尽管离弗洛伊德辞世已经过去八十余年，但他的研究成果仍然震撼人心，激励着我们每一代人。

TIPS

◆ 20世纪50年代，新的精神类药物的发展使得这些药物成了治疗大部分精神疾病的主要手段。

◆ 艾森克主张以临床心理学作为精神分析的明确替代方案，他使用行为主义心理学的技术治疗精神疾病。

◆ 20世纪70年代，艾利斯和贝克等心理学家拒绝接受压抑和阻抗等精神分析概念，他们结合艾森克的行为疗法，一起组成了认知行为治疗。